吳姐姐講聖經故事

⑤大衛王

吳涵碧——著

【推薦序】

穩穩踏向新境界

【前《中央月刊》總編輯】吳德里

涵碧這本《吳姐姐講聖經故事》第五冊，終於完稿了，距離她第四冊的截稿，整整兩年，而距離她二〇一〇年第一本聖經故事完稿，則有整整九年了。這五本書都看似一派輕鬆秉筆，文字行雲流水，把艱澀的經文，用故事體裁引敘得歷歷如繪。上個月底她把磚頭一樣厚的手稿送來給我，要我寫序，忠孝東路人潮如織，目送她纖細的身影很快消失在人群中，不由得長長吸了一口氣，感受到她腳步彷彿在轉了一大圈後，又要穩穩踏向另一個新境界。

涵碧的夫婿王壽南教授在第一本吳姐姐講聖經故事的序文中，就曾經提到到二〇〇五年為止，永遠是全世界暢銷書榜首的聖經，發行量超過三億七千二百萬冊了。我查了一下到二〇一七年底，聖經發行量已經來到四十億冊。不過，發行量和閱讀量中間不一定有等號，可能有些書的命運，就永遠靜靜的躺在旅館房間茶几的抽屜中。

就基督徒來說，當然希望這本書不僅是廣為流傳，而且引領人心，擴大信徒的陣容。但是對於中國信徒或好奇的求知者來說，最為流傳普遍的和合本聖經，譯文字數就長達九三一六九八字，九十三萬耶！的確是一本巨著天書。

文字浩瀚加上滿佈古代的北非中東人名地名朝代名，字裡行間一槓名字符號，雙槓地名符號，讀完創世紀，來到出埃及記，一般人普遍就讀不下去，也沒有幾位牧師在一般佈道中，好膽挑戰長篇累牘地講敘，因為現代信徒時間太寶貴，好好講完一則故事，佈道時間就所剩無幾，一般信徒多半需要仰賴牧師傳播激勵人心的聖經警句，似乎是遠大於聆聽一千多年前經書中老掉牙的遙遠故事。

但是如果真的掉進涵碧為讀者們拆解的聖經版故事，那些彷彿和中國人八竿子打不著的古代猶太人、埃及人，就立刻栩栩如生的活動在眼前了。我們讀不完的聖經，涵碧足足讀了不只六、七遍，花個十分鐘不到，一千多字的小故事中，聖經人物就在眼前活過來。

現在大家都喜歡追電視的連續劇，其實以這本第五冊故事來說，涵碧從路得記、撒母耳記上寫到撒母耳記下，五十九個章節，區區八十四頁，就分拆成四十一則故事，比起熱播連續劇動輒七、八十集，絕對小意思。重點是不但能讓讀者們輕鬆讀，而且從拿俄米和路得的婆媳關係，一路說到先知大祭司撒母耳，以及以色列第一王掃羅，和統一以色列的大衛王。

這中間，論言情有婆媳關係也有色誘，路得記的女力影響，絕不輸於那年《花開月正圓》，或《大宅門》的精采。求生兒子的離奇，和管教兒子的劇情起伏，也絕不輸於現代版的虎媽劇。

至於從撒母耳到大衛三代領導人的王朝興替，則從特異功能的最偉大先知，士師時代的撒母耳，到他領以色列進入掃羅王朝時代，和最後顏值最俊美的小鮮肉大衛王一統以色列江山。真是集倫理愛情、宮鬥、武打、王朝、神鬼、悲喜劇統統推出。

第五集仍然在舊約時代，國人現在對於末世的觀念，因為一世紀以來的全球大抵和平，只有零星地區戰爭，而覺得世道不差是個常期現象，對於大劫缺乏觀念。如果明君不出怎麼辦？如果大地震海嘯大瘟疫產生怎麼辦？民主一定選得出明君嗎？人類科技一定能勝天嗎？就算是天授英才如掃羅王，他能夠放鬆享受神賜的美好嗎？

少了這些聖經情節和故事的堆砌，我們就沒法了解為何在耶穌誕生前五百年甚至更久，中東的族裔就普遍期待救世主的誕生，人們呼天搶地，天災更是「南山烈烈，飄風發發」，人民到處呼救老天保佑，。但是眾神的天下中，究竟哪個才是能救世的真主，不好說也猜不透啊。要跌跌撞撞多少次，才知道自己真的是拜對了神，而不是拜錯了鬼，反而遭殃？

這些劇情，都是環繞著人性的善與險惡產生，沒有這些氛圍的了解，就不能知道其實現代人一樣

有一個大劫當前，或者目前縱使神眷顧，人仍然不停的給自己和神添增麻煩和凶險，白白消耗自己的蒙福。

為了盡快交稿，我自己看涵碧的第五冊聖經故事，從一開始的一口氣看它五、六篇，到讀完一兩篇，就停停想想，感到每一篇故事，後面都有一扇鏡子，站在前面可以照到自己和周遭，也可以打開心中更多的鏡子，更多頓悟。涵碧常常也擷取了篇章中她最喜歡的句子，而使短短的故事，留有無窮的啟悟，和更多的關照。

涵碧講聖經故事，舉重若輕，背後有她過人的毅力，常常有神來一筆，堅持又堅持，痛苦又喜樂著。

身為吳姐姐的姐姐，這一年看她一路走來，每一次好像要跌倒，又奮力站起

來，我知道她有愛，有夫婿的強力相挺，也有對自己不停地要求與鞭策，較真到讓親人不知如何才能叫她不要對自己要求這樣嚴格。

但是她一逕還是掛著微笑，文字還是那樣溫柔又堅定，我其實很放心，覺得天上的力量，雖然修剪她，更是恆久在支持她。這種支持力道，也從她心中筆下，浸潤到讀者的心田，真好。

目錄

1. 如膠似漆

在美麗的婚禮之中，牧師最愛引用的一段經文是：「你往哪裡去，我也往那裡去，你在哪裡住宿，我也在那裡住宿，你的國就是我的國，你的神就是我的神，你在哪裡死，我也在那裡死，也葬在那裡，除非死能使你我相離，不然，願耶和華重重的降罰與我。」

然而，令人不敢置信的是，聖經中這一對如膠似漆的情人，不是一對男女，而是堅貞濃郁的婆媳之愛，婆媳一向是天敵，許多人在婆媳的糾結之中，彷彿活在地獄，夾在婆媳之間的兒子兼丈夫，也常有窒息之悶，如何破解？在聖經〈路得記〉之中有一段精采的故事：

故事中的主角拿俄米，她是一個智慧的婦人、幸福的婆婆，一切的美好，由她開始。不過，故事的起頭，纏繞著一圈又一圈的憂愁與悲痛。

拿俄米的丈夫，名叫以利米勒，意思是「上帝是王」，這個代表他們夫妻是虔誠的信徒。「拿俄米」的意思是「甜」、「我的喜樂」、「我是快樂的人」。上帝給人自由意志，拿俄米用堅強的意志力選擇喜樂，儘管眼前環境實在喜樂不起來。

在士師秉政的時候，經常發生災荒，他們夫妻住在猶大的伯利恆，伯利恆的意思是「麵包」，是「大餅之家」，因為城外種滿了大麥小麥，猶大伯利恆是聖經中最著名的地方，後來大衛住在這兒，耶穌也降生在此，是塊福地，當時卻一片荒蕪。

他們夫妻商量了半天，決定帶著兩個兒子瑪倫與基連，逃到摩押地定居。

到了摩押不久，以利米勒死了，他們的兩個兒子，分別娶了兩個摩押女子，一個名叫俄珥巴，一個名叫路得為妻，日子雖然辛苦，倒也平靜，匆匆十年過去。

不幸襲來，又急又猛，大兒子瑪倫死了，儘管拿俄米帶著兩個媳婦，日夜禱告，沒有用。更慘的是，小兒子基連也走了，深沉的悲痛、猛烈的狂風，好像滂沱大雨，不曾止息，無情地落在三位未亡人身上，她們在劇烈發抖中呻吟，也在淚眼模糊之中，緊緊地擁抱著。

家裡的男人死光了，也沒有什麼可吃的了，拿俄米這時候聽說耶和華眷顧祂的百姓，猶大地又豐收了，拿俄米想一想，該是落葉歸根的時候了。

於是，她把兩個媳婦找來，用手撫摸著她倆的頭髮，慈祥柔和地說：「你們倆，回娘家去吧，願耶和華恩待你們，就像你們恩待死去的先生，以及恩待我一般。」停了一下，拿俄米又說：「希望你們在新的丈夫家中，得到真正的平安。」

兩個媳婦一起放聲大哭：「不要、不要，我們和你一起回到你的本國去。」

「女兒乖，回娘家去，為什麼要跟我去呢？我還能再生一個兒子當你們的丈夫嗎？」這個玩笑一點不好笑，拿俄米卻繼續拿自己開玩笑：「我啊，年紀老邁，不能再有丈夫了。即或說，我還有指望，今天晚上有個丈夫，生了雙胞胎，兩個男娃娃，莫非，你們還能痴痴等到他們長大嗎？」

「女兒，不要這樣，我為你們二人的未來十分愁苦，哎，因為耶和華伸手攻擊我。」

三個無依無靠的寡婦，悲從中來，又是一場嚎啕大哭。

哭完了，眼淚流乾了，拿俄米又催她們快走。接著親吻俄珥巴，表示再見了，俄珥巴走到門邊，捨不得婆婆，又轉回來，拿俄米摸著她的臉，輕聲催著：「走吧！」這一回，俄珥巴低著頭，咬著唇，一邊哭一邊走出家門。

「好了，現在你嫂嫂走了，該輪到你了。」拿俄米拍一拍路得的肩膀：「寶貝，走囉。」

路得一向敬愛拿俄米，萬一走了，留下一個孤苦零丁的老婆婆，她不忍心、不放心，而且人生苦海之中，她也不要一個人孤孤單單走下去，她要婆婆。

於是，路得一屁股坐下來，用堅定的語氣大聲說：「不要催我走，不要想我會不跟定你，你往哪裡去，我也往那裡去，你在哪裡住宿，我也在那裡住宿，你的國就是我的國，你的神就是我的神，你在哪裡死，我也在那裡死，我也葬在那裡，除非死，能使你我相離，否則，願耶和華重重降罰與我。」

拿俄米看到路得一臉堅決的表情，也知道路得一向說一不二，自己現在趕她不走，當然她也捨不得路得，於是，張開手臂，路得撲到拿俄米懷中，兩人又笑又哭。

日本作家三浦綾子的《冰點》一書膾炙人口，她曾經講過一則故事「天堂與地獄」，地獄是個華麗的大房間，天花板上垂吊著美麗的水晶燈，滿桌的山珍海味，但是人人左手臂被綁在椅子上，右手臂綁了一根長長的湯匙，怎麼也吃不到食物，個個痛苦不堪。

天堂的環境與地獄一模一樣，所不同的是，人人用湯匙餵食對方，因此滿面笑容，健壯美麗。

每個人的生命都充滿了苦澀受難，許多意想不到的意外，讓人流下疼痛的眼淚，拿俄米與路得，本該置身於地獄般的煎熬，卻因為處處為對方著想，餵對方花蜜，飽嚐甜美，神藉著苦難，讓她們成為對方的天使，這就是神愛世人，世人也要彼此相愛的宇宙奧秘。

2. 拾穗

拿俄米帶著路得回到伯利恆，滿城的人都指指點點，十分驚訝。女人們是最好奇的，馬上有人來問：「你莫不是拿俄米？」

拿俄米滿臉滄桑，無奈地搖搖手道：「不要再叫我拿俄米」，原來拿俄米就是甜甜蜜蜜的意思。

拿俄米泛出一絲苦笑：「倒不如叫我瑪拉（瑪拉就是苦的意思），因為全能的耶和華讓我受了大苦，我滿滿的出去，耶和華卻使我空空的回來，降禍與我，既然如此，你們為什麼還稱呼我為拿俄米呢？」

是的，拿俄米是個敬虔的好女人，沒有做過什麼壞事。

老天爺為什麼讓她和丈夫，以及兩個兒子外出移民，卻成為貧苦的寡婦歸來呢？苦難總是突如其來的猛擊。

拿俄米身旁，還跟著一位標緻的小姑娘，大家更好奇了：「這是我的二媳婦，名叫路得，她是摩押人。」拿俄米趕緊解釋。

一聽到摩押人，這些三姑六婆臉上馬上顯出鄙夷的表情，以色列人本來就看不起外邦人。再說，摩押人的祖先的來歷十分荒唐，當耶和華毀滅所多瑪，這個淫蕩之城之時，羅得的兩個女兒，為了想替父親留後代，竟然聯手灌醉了父親，與爸爸同房，生下兩個兒子，其中之一是摩押人的祖先，另一是亞捫人的祖先，也就是說，他們是亂倫生下的後代。

這個時候，剛好是動手割大麥的時候，由於上帝在〈申命記〉中曾經規定，「你在田間收割莊稼，若是忘了一捆，不可再回去拿，要留下來給孤兒寡婦，這樣，耶和華必賜福與你。」

於是，路得對婆婆說：「我蒙誰的恩，就在誰的身後，拾取大麥的麥穗。」許多人都對名畫《拾穗》印象深刻，可以想見路得當時幹活的情景。

路得恰恰來到她公公的利米勒本族人——波阿斯的田中，波阿斯剛好自伯利恆來到此地，他和善地對收割的人說：「願耶和華與你們同在。」他是個體貼的主人。

工人們也齊聲回答：「願耶和華賜福與你。」波阿斯馬上就發現了與眾不同的路得：「那個是誰家的女子？」

監工們回答：「噢，那是摩押女子，跟著拿俄米從摩押來的，人嘛，十分勤奮，從早晨忙到現在，除了偶爾在屋中坐上一會兒，總是在田裡。」

波阿斯把路得喚了來，對她說：「女兒啊，你就在這兒拾麥穗，不要在別人的田裡，要跟我的使女們在一處。」言下之意，不要在男工群中拾麥穗，顯然是要保護路得。

這還不夠，波阿斯又添了一句話：「我的僕人在那一塊田收割，你就跟著去，我已經吩咐他們，不許欺負你，你假如渴了，就到器皿那邊，喝僕人打來的水。」在那個炎熱的田裡，水是十分重要的。

路得覺得受寵若驚，慌慌張張，跪了下來，用頭碰著地，輕聲地說：「我是一個外邦人，怎麼好意思，蒙你的恩，這般的顧恤我呢？」

到了中午休息，吃飯的時候，波阿斯又想起了路得，搖搖手，招呼路得，路得很拘謹害怕的坐了下來，波阿斯遞了一塊餅給路得，並且對她說：「來，把餅蘸一點醋，比較開胃。」路得乖順地吃了餅。

一會兒，僕人們把烘好的麥穗，送來給波阿斯。生的麥穗是不能吃的，必須用器材打了，才能帶回去，或烤或煮，波阿斯自己吃了，又給了更多的給路得，輕聲地說：「帶回家給婆婆吧。」

吃完中飯，路得又回到麥田拾穗。

波阿斯望著路得的背影，對僕人吩咐說：「路得就是從一捆一捆的麥穗之中，抽取一些出來，也不可以斥責她。」當然，按理來說，這是破壞規矩的。

波阿斯意猶未盡，進一步交代：「你們不但不可以羞辱路得，乾脆，這樣吧，特別從麥捆之中，抽出一些來，放在地上，讓她自由拾取，別嚇著她了。」

如此這般，路得當天晚上，足足帶了一伊法的麥穗，帶回城裡給婆婆拿俄米。所謂一伊法，乃是以色列的度量衡單位，大概是十分之一的賀梅珥，一賀梅珥大約是一隻驢的負擔，總而言之，路得帶了遠超過她拾穗該有的分量。當然，路得也是力氣超大的，聖經中的女人都是大力士。

婆媳倆一面吃，一面聊，許多小女生，放學回家，就會依偎在母親懷中，一五一十報告在學校中的點點滴滴。路得結婚後，一直習慣向拿俄米傾訴一切，拿俄米的智慧與判斷，向來是路得所欽佩的。

婆婆問路得：「你是在哪兒拾取麥穗？願那位顧惜你的人得福。」

路得告訴婆婆：「一個名叫波阿斯的人。」接著詳詳細細報告了一天的經過。

拿俄米畢竟是當地人，在伯利恆長大的，知道波阿斯。她對路得說：「願那人蒙耶和華賜福，因為他不斷地恩待死人活人。」

在弗朗索瓦米勒的曠世巨畫《拾穗》之中，我們可以看見路得和兩位農婦彎腰撿取麥穗的情況，天空是蔚藍的，麥穗是金黃色的，遠遠的地平線上，有座小小的教堂，整個反映出史詩一般的崇高意境，此畫現在珍藏於巴黎奧塞美術館中，是許多人們最喜歡的一幅美圖。

3. 冒險求婚

婆婆拿俄米，一直在愁煩媳婦路得改嫁之事，不過，她並不是擔心路得改嫁，而是千方百計想要路得改嫁。

這在中國人的觀念來看，似乎是很奇怪的，但是在聖經〈申命記〉中卻說：「弟兄同居，若是死了一個，沒有兒子，死人的妻子不可出嫁外人，她丈夫應該盡弟兄的本分，娶她為妻。」

因此婆婆對路得說：「我豈不當為你找一個安身之處，使你享福嗎？我對你說，波阿斯豈不是我們的親族嗎？」

路得不好意思地低下頭來，臉紅紅的，十分害羞。

「事不宜遲，他今天晚上在麥場上簸大麥，晚上還在趕工，你要沐浴，抹上香膏，偷偷到麥場，別讓人認出來，等到波阿斯睡了，你看準他睡的地方，就掀開他腳上的被躺在那兒，波阿斯自然會告訴你該怎麼做。」

這件事聽起來挺冒險大膽，路得想了一下，對婆婆說：「我就照你的計畫做。」她一向相信拿俄米的智慧。

波阿斯趕完夜工，累了，就睡在麥堆旁邊，睡得香沉。

到了半夜，波阿斯一轉身，忽然發現一團軟綿綿的，天啊，竟然有個女人躺在他腳邊。

「你是誰？」波阿斯大為緊張。

「我是你的婢女路得，求你用你的衣襟遮蓋我。」路得這是大膽的在求婚了，接著路得又說：「因為你是我至近的一個親屬。」

其實他二人早已暗生愛苗，只是在麥場眾目睽睽之下不便表露，真是男追女隔層山，女追男隔層紗。波阿斯深情地說：「女兒啊，願你蒙耶和華賜福，你末後的恩比先前更大。」

接著，波阿斯又嘆了一口氣，深情款款道：「我年紀比較大了，但是少年人無論是貧是富，你都沒把他們當對象，現在，女兒，不要懼怕，凡你所說的，我必照著行，我們城裡的人，大家都知道你的賢德，沒錯，我的確是你至近的親屬，有責任照顧你。」

啊哈，原來波阿斯自己也知道，果然是郎有情妹有意。

「你好好的睡吧，明早等我問過比我更近你的一位親屬，若他願意盡本分，很好，不然，我指著耶和華起誓，我必定負起責任。」波阿斯果然是正人君子柳下惠，完全沒有碰觸路得。

接著，二人無言，誰也睡不著，到了天快亮之時，波阿斯起來，對路得說：「不能讓人知道有女人到了麥場。」當然，否則孤男寡女身敗名裂。

「來，打開你的外衣。」波阿斯吩咐了，路得乖順地抖開外衣，波阿斯撮了六簸箕大麥，並且體貼地幫她扛在肩膀上，路得便迅速回家了。

拿俄米正焦急地等待著，聽完了路得報告經過，路得還說：「那人說，我不可以空手回去見婆婆，我的心臟彷彿要跳出體外，一路上嚇死了。」

老於世故的波阿斯，當然知道路得夜奔，必是出自拿俄米的計謀，拿俄米這位幕後操盤者，張開雙手，抱緊路得，很欣慰地說：「你放心，你只管安坐等候，那個人今天不辦成這事，他一定不休息。」拿俄米顯然非常瞭解波阿斯，儘管兩人從未見過面。

第二天，波阿斯一早坐在城門口，那兒等於是以色列人的法院，恰好，最為接近路得的親屬走過，波阿斯就湊齊十位長老，請大家坐下來，開宗明義的表示：「拿俄米要賣我們族兄以利米勒那一塊地，當贖的人，第一是你，接下來就是我了。」

這位仁兄回答：「我肯贖。」

波阿斯接著又說：「那你也得娶摩押女子路得，使死人的產業上存留她的名字。」

這句話的意思是說，祖先的地，必須在活著的親屬之中買賣轉移。因此路得生下孩子，算是前夫瑪倫的孩子，而且產業屬於孩子，在以色列社會之中，生子留名，並且把產業登記在名下，這是十分重要的事。

那人想一想，覺得划不來，他說：「這樣嘛，我就不能贖了，波阿斯你自己贖吧。」說著，把腳下穿的涼鞋脫了下來，表示定案。

原來，以色列人之中有一條規矩：凡是要確定，或是交易成功，就把自己的鞋子脫下來，交給對方，做為一樣證據。

接著，波阿斯朗聲宣布：「你們今天都做了見證。」

十位長老與百姓們，也一起見證，並且祝福波阿斯：「願你在以法他得亨通，在伯利恆得名聲。」

於是，皆大歡喜，波阿斯與路得情投意合，天作之合，不久，路得懷孕，生下一子俄備得。

婦人們齊來道賀，對拿俄米說：「耶和華是值得稱頌的，神沒有撇下你，願這個孩子在以色列中得名聲，他必振作你的精神，奉養你的老。」「你啊，有這麼一個好的兒媳婦，比七個兒子還要好。」

最奇妙的是，波阿斯的母親是喇合，迦南妓女喇合，她救了以色列兩名探子，提供重要情報，非尋常人也。難怪波阿斯也聰明靈慧，處事周密，俄備得的兒子是耶西，耶西是著名的大衛王的父親，耶穌正是大衛的後裔。

4. 求子奇遇

儘管現代人生育率大降，還是有不孕婦女，不斷嘗試試管培育，一年又一年，心力交瘁。大陸內地更是屢有失嬰案件，父母終生痛苦，許多導演以此為題材，拍攝出感人的電影。

孩子是天上掉下來的禮物，聖經中說：「兒女是耶和華所賜的產業。」

猶太人與傳統的中國人一般，認為多子多孫才是福，〈詩篇〉中有一句話形容得真好：「你妻子在你的內室，好像多結果子的葡萄樹，你兒女圍繞你的桌子，好像橄欖栽子。」和中國人嚮往的子孫滿堂一模一樣。

在這種情況之下，母以子貴，不能生育的婦女，彷彿帶著毒咒、自卑，也被人鄙視。哈拿就是這麼一位可憐的婦女。

哈拿的丈夫以利加拿，產業豐富。他非常愛哈拿，也許因為哈拿沒有生育，也許他本來就有兩個妻子，另一妻名叫毘尼拿，意思是「珍珠」，哈拿的意思是「恩惠」。

毘尼拿這顆珍珠，倒是有兒有女，她經常在哈拿面前耀武揚威，譏斥哈拿膝下猶虛。哈拿也可以恃寵而驕。藉著丈夫的疼愛，予以反擊。不過，那就不是哈拿了。

哈拿在家中，對毘尼拿能躲就躲，能避就避，能閃就閃，盡量逃離現場。到了外面，遇到別的女人，她也總有矮人一截的自卑感，這使得哈拿十分痛苦。

每年中固定之時，以利加拿一定率領全家，前往示羅。自從約書亞帶領以色列人進入迦南，約櫃與會幕都在示羅，以色列人都在這兒敬拜祭祀萬軍耶和華，獻祭之後，以利加拿將祭肉分給全家大小。

這是哈拿最難堪的時候，因為她沒兒沒女。以利加拿疼愛哈拿，總是給了她雙分。毘尼拿一定在旁邊冷嘲熱諷嘆氣：「唉，誰叫哈拿自己肚皮不爭氣呢。」當然，毘尼拿見丈夫專寵哈拿，心中必然不是滋味，故意要刺中哈拿的要害。

哈拿兩眼不自覺地滾下點點淚珠，鎖緊雙眉，完全沒有胃口吃飯，以利加拿看著好心疼，他用手抹乾哈拿臉上的淚痕，嘆一口氣說：「哈拿，你有我啊，我比十個兒子對你還要好。」

大夥在示羅吃喝完畢，哈拿站了起來，沒有出聲地，不斷地祈禱著，哈拿先是痛苦的大哭一場，接著許願：「萬軍之耶和華啊，你若是肯垂憐婢女心中之苦情，眷念不忘記婢女，請賜給我一個兒子。」

哈拿很堅定地說：「這個兒子，不歸我，歸給耶和華，不用剃頭刀剃他的頭髮。」哈拿的意思是，若神賜給他兒子，這兒子就當離俗人，歸給上帝的人，拿細耳人，終生不剃頭髮，而且清酒濃酒都不沾口。

這個時候，祭司以利坐在自己的位置上。以利注意哈拿已經很久了，只見她臉面慘白，身子搖晃，眼睛發直，口中嘟嘟噥噥，卻沒有聲音，因此認為這婦人八成是喝醉了。因此，忍不住上前去對哈拿說：「你要醉到什麼時候，你不應該喝酒的。」

哈拿趕快搖搖手道：「主啊，不是這樣的，我是一個心中充滿愁苦的女人，清酒濃酒我都沒有喝，不要把我看成是個不正經的女人。我是因為沒有生育，被人諷刺，心中悲哀太多太多，所以待在這兒，一直向神祈求。」

以利慈藹地對哈拿說：「原來是這樣，你平平安安的回去吧，願以色列的神，允准你向祂所求的。」

奇怪，以利這麼一言，彷彿自上帝那兒得到平安，哈拿向以利深深一鞠躬：

「願婢女在你眼前蒙恩。」似乎將向來承受不住的重擔交給了神。

哈拿輕鬆起來，臉上泛著微笑，也開始有胃口，以利加拿看著好樂。

回去不久，哈拿竟然真的懷孕了，生下來一個好可愛的小男孩，哈拿為他取了一個名字——撒母耳，這是她向上帝求來的，撒母耳的意思就是「上帝的名」。

第二年，又到了該去示羅獻年祭的時候了，並且該還所許的願，哈拿卻沒去，她說：「等孩子斷了奶，我會帶他上去朝見耶和華，使他永遠住在那兒。」

以利加拿一向疼哈拿，他當然也捨不得好不容易得來的孩子，但哈拿有願在身，就說：「隨你的意思行吧。」

等到撒母耳斷了奶，哈拿說話算話，就把孩子帶到示羅，來到耶和華的殿中，並且還帶了三隻公牛，一伊法（約十公斤）細麵，一皮袋酒來到了以利面前。

哈拿很高興地對以利說：「主啊，當年在你面前哭泣，祈求耶和華的那個婦人就是我，今天我將孩子一生歸給耶和華。」

因此，哈拿特別做了一首詩歌，頌讚耶和華：「我的心因耶和華快樂，我可以抬起頭來，不再感到羞愧，神從灰塵裡抬舉貧寒人，從糞堆中提拔窮乏人，與耶和華爭競的，必被打碎，耶和華必從天上以雷攻擊他。」

所以，真正使哈拿心中喜樂的，並不只是孩子，而是上帝，上帝垂聽了哈拿的禱告，哈拿多麼感激上帝。

哈拿熬了這麼多年，才得到寶貝兒子，她捨得嗎？哈拿只知道自己許願，必得說話算話。且慢，後來哈拿居然又生出三個兒子，兩個女兒，真是神所賜的，超過所求所想。

5. 慈母手中線

唐朝孟郊所寫的「慈母手中線，遊子身上衣，臨行密密縫，意恐遲遲歸，誰言寸草心，報得三春暉。」這是從古到今，沒有一個中國人不愛的一首詩，把母子情深不捨相離的感受，刻劃得如此平易深刻。

哈拿在撒母耳斷奶時，將孩子獻給神，雖然娃娃有時候，一歲就斷了奶，但是，根據規定，利未人的小孩滿三歲才可以入殿。

從此，哈拿每年去示羅獻祭之時，才可以與孩子匆匆見上一面，她每一回都帶一件小外袍，送給撒母耳，這是哈拿一針一線縫了一年的作品，她捨不得三兩天就做好，這是她唯一可以為撒母耳做的事，她為撒母耳不停禱告。

如同牛郎與織女一般，一年一會，母子緊緊擁著，哈拿端詳孩子又長高了一點，忍不住摟著、抱住、親吻，小撒母耳也是想媽媽啊，多少個夜晚，把身體埋在小外袍之中，咬著，不敢哭出聲來，他畢竟還是個孩子。

與〈慈母吟〉詩中不同的，該是「意恐遲遲歸」，哪一個為人母者，不是倚閭望兒歸。哈拿卻是把孩子永遠獻給神使用，在哈拿看來，這是生命之中最有意義的事。

事實上，在歐洲中古世紀時代，最優秀的 流人才，正是當神父，自古至今，許多神父都是精湛學者。

撒母耳又該如何「報得三春暉」呢？哈拿是個敬虔的婦人，身上流著高貴的以色列人的血液，她明白〈士師記〉時代的混亂，期待撒母耳能有一番作為。

可愛的小撒母耳漸漸長大，乖巧、懂事、彬彬有禮，不但人見人愛，連耶和華神都喜歡他，只是小撒母耳自己不知道。

直到有一天晚上，撒母耳照常做完許多雜務，包括關關殿門、照料約櫃、清潔，以及在黃昏，用最上好的橄欖油，點燃一共有七個分枝的燈台，（猶太人的一天是從晚上開始的。）整個夜晚必須都點著的。

在將近黎明之時，撒母耳聽見有慈祥、溫柔、和藹的聲音呼喚：「撒母耳。」

撒母耳睡得正香，他毫不遲疑，一骨碌爬起來，走到以利睡的地方，以利年紀大了，眼目昏花，許多大小事都是撒母耳在幫忙照料，撒母耳恭謹地問以利：「你在呼喚我？」。

以利睡眼惺忪，打了一個大呵欠，搖搖手說：「我沒有叫你，你去睡吧。」

隔了沒有多久，撒母耳聽見相同的聲音，輕輕喚著：「撒母耳。」

忠心的撒母耳，又立刻下了床，摸到以利身邊，小心翼翼地詢問：「你呼喚我嗎？」

這時，以利沒有張開眼睛，轉了一個身，嘆口氣對撒母耳說：「我的兒，我沒有找你，你乖乖回去睡吧。」

到了第三回，撒母耳又聽見呼喚聲，而且聲音十分清楚，很明朗，他依舊馬上趕到以利的床邊。

以利已經很久很久沒有聽到耶和華的默示，這時，他突然坐了起來，用非常嚴肅的聲音對撒母耳說：「我確實沒有叫你，莫非是耶和華神要對你說話，因此，若是再聽到呼喚，你就說，『耶和華啊，請說，僕人敬聽。』」

「嗯，好吧。」撒母耳回到自己的床上。

不多時，第四回呼喚撒母耳的聲音響起。

撒母耳馬上站了起來，認真地回答：「耶和華啊，請說，僕人恭敬地聽著。」

耶和華果然說話了，正如同以利所料：「我指著以利家所說的話，到了時候，必然應驗，因為以利知道他兩個兒子作孽，自己招來咒詛，卻不禁止他們，以利等著看吧。」

這句話把撒母耳嚇壞了，無法閉眼休息。

到了第二天清早，撒母耳默默打開了聖殿的門，他實在不敢也不忍把耶和華所說的話，傳給以利。

以利卻慢慢走過來，對撒母耳說：「耶和華向你說了什麼，你可別向我隱瞞，你若是隱瞞一句，願耶和華重重的降罰與你。」以利一向是疼愛撒母耳的，如今卻萬分嚴肅。

撒母耳無可奈何，只好把所有的事，一五一十全報告了以利。

出乎撒母耳意料之外的，以利既不吃驚，也不意外，只是淡淡地說：「這是耶和華的意思，願祂照祂的意旨實行。」

以利的兩個兒子何弗尼、非尼哈都非善類，他們擔任祭司，按照規矩，他們是可以分取一些祭肉的，包括贖罪祭的全部，以及平安祭的一部分，其餘的肉，分給獻祭的人及兒女僕婢與城中的利未人。

這兩位兄弟，卻找了僕人，預備了三齒的大叉子，無論在罐裡、鼎裡、釜裡、鍋裡都往下一插，全拿光了，甚且奪取生肉。另外，脂油是不可吃的，要用火焚燒，代表神接納了獻祭者。他倆橫眉豎眼道：「脂油拿來，不然我就搶。」這簡直是土匪，而且是搶神的東西。

另外，這一對寶兄弟和在會幕前伺候打雜的婦人，竟然在會幕前行淫。種種醜聞，以利都知道，都沒能果斷廢除二人祭司的職位，因此，早有神人前來警告以利：「你尊重你兒子，過於尊重神，我要折斷你們全家的膀臂。」

聖經中有一句話：「趁有指望，管教你的兒子，你的心不可任他死亡。」上帝藉撒母耳，對以利做出最後的警告。

6. 約櫃發威

巴勒斯坦總是横據新聞頭條，事件不斷。巴勒斯坦（Palestine）這個名稱，其實就是來自於非利士人（Philistines），在舊約時代讓以色列人頭疼萬分的厲害角色。

這一個民族，分布很廣，包括了迦薩人、亞實突人、亞實基倫人、迦特人、以革倫人，他們是從愛琴海與地中海上的島嶼遷移而來。有文明、有組織能力、有冶煉技術，我們千萬不能用今天以色列的威勢，觀看當時的非利士人。

約書亞年紀老邁之時，耶和華對他說：「非利士全境，你只管照我所吩咐的，分給以色列人。」也就是說，未得地先分地，耶和華說：「我必在以色列人面前趕出他們。」雖然有上帝為靠山，流奶與蜜之地，仍然是要一個城一個城攻下來的。

這一回，以色列與非利士人兩軍擺陣交戰，以色列人死了四千人，以色列人數目本來就不多，十分痛心，於是長老們召開會議，檢討失敗原因，忽然，有人驚呼：「對了，原因在約櫃，上帝沒有陪我們一起去打仗，當然我們會輸。」

於是，眾人們想起，在曠野之時，雲彩在天空引路，但是在最前行的是祭司與約櫃，彷彿上帝威風凜凜一馬當先。

約櫃是用皂莢木做的長櫃，長二肘半，寬一肘半，高一肘半，裡外包上精金，四圍鑲上金牙邊……並用金子錘出兩個基路伯來，就是天使。二個基路伯接連一塊，在施恩座的兩頭，二個基路伯高張翅膀，遮掩施恩座，兩個天使臉朝著臉，我們可以在今天廣告圖片中，看到這種創意發揚。

基路伯是有翅膀的天使，二者之間的空間，就用來代表肉眼看不見的神的寶座，代表神的所在。

他們想起了約櫃的歷史風光，當約書亞率民過約旦河之時，祭司抬著約櫃，約櫃中放著最重要的十誡法版，這法版代表神與百姓所立的聖約，祭司的腳一碰觸水，水流斷絕，立起成壘，眾民就快快樂樂從乾地過了約旦河。

這些歷史的光榮，讓他們欣喜發狂，還有，約書亞攻打耶利哥城之時，不費一兵一卒，僅僅是抬著約櫃，繞城七天，堅固的城牆應聲而倒，多美啊！

然而，約櫃是上帝的象徵，上帝是發命令者，絕不是可以隨意搬來挪去的石雕木偶。神是否願意伸手相助，必須靠大家的道德與屬靈光景，以及上帝決定動向。

現在已有神人前來警告以利：「你尊重你的兒子，過於尊重耶和華。」以利仍然捨不得撤換二子，這兩個嘻皮笑臉的祭司更是心中如打鼓般激昂，把神聖的約櫃，如同抬花轎一般，抬到了以色列人紮營的以便以謝，眾人歡聲雷動，勝利在望。

這種把約櫃當成偶像的態度是錯誤的，因為十誡中就明言：不可拜偶像，約櫃的榮耀尊貴，是因神同在，一旦分開，不過是普通器物而已，非利士人同樣不明白這層道理，個個嚇慌，彼此勉勵：「非利士人啊，你們要剛強起來，要作大丈夫，免得作希伯來人的奴隸。」

一會兒，兩軍開戰，三兩下，以色列人大敗，三萬人被殺，大大癱瘓國力，以利的兩個寶貝兒子，何弗尼、非尼哈都被殺了，更慘的是，連約櫃都被非利士人擄走了。

這時，有一個便雅憫人，從戰場上逃了回來，他把衣服撕裂，頭上蒙著灰塵，這是以色列人代表哀痛的方式，他沿著大道奔跑，一路報告壞消息。

最著急的人是以利，他為約櫃擔憂不已，以利年紀老了，九十八歲了，眼睛完全看不見，心中充滿不祥的預感，以利雖然耳朵背，卻聽得見一片喧嚷，報信的人對他說：「你的兩個兒子被殺了。」關於這件事，小撒母耳已經事先警告過他，他心中有數，但是當報信的接著說：「神的約櫃也被擄去。」

一聽此言，肥胖而遲鈍的以利，太過震驚，從座位上往後跌倒，就在門旁，折斷頸項，死了。以利擔任以色列士師四十年。

非尼哈的妻子，也就是以利的媳婦，聽到約櫃被擄，公公、丈夫都死了的一串噩耗，突然這位孕婦陣痛，胎兒受到了驚嚇，提早出生。

旁邊的婦人安慰她道：「不要怕，好消息，你生了一個男孩了。」可憐的新媽媽，卻因此難產而死，依照以色列的習慣，一向是母親為孩子取名，她氣若游絲地說：「那麼就叫以迦博吧。」意思是說，榮耀已經離開以色列了。

另外一方面，非利士瘋狂慶賀，把最大的戰利品約櫃，從以便以謝，抬到亞實突，放在他們所拜的大衮神的廟中，表示大衮勝了一切。

第二天清早，非利士人卻發現大衮仆倒在耶和華的約櫃前面，而且臉伏於地，似乎在朝拜耶和華，趕緊把大衮扶起立在原處。

第三天一早，更奇特的事發生了，大衮再次仆倒在約櫃前，臉伏於地，可是大衮的腦袋、雙手都在門檻上被折斷，屍首不全，大衮滾蛋了。

約櫃是尊貴的，代表上帝，卻不等於上帝，上帝指揮約櫃，人卻妄想控制約櫃，乃至褻瀆約櫃，當然下場悲慘。

7. 無人駕駛的牛車

在科技發達的今天，無人駕駛的飛機，早已不是新鮮事，在聖經中，有一段無人駕駛的牛車，倒是饒富意味。

中國的歷史學者，每每喜歡引用《詩經》中的一句話：「溥天之下莫非王土，率土之濱莫非王臣。」形容全天下都是帝王的土地與臣子。其實天高皇帝遠，有些地方皇帝是看不見管不著的。所以，用這一句話來形容上帝，也就是老天爺，倒是十分適合。

以色列人想要利用上帝，擅自把約櫃運到戰場上，希望約櫃成為護身符，結果吃了大敗仗，死了三萬人。非利士人不相信上帝，然而上帝創造人類，無論任何人信或不信，祂都管得著。

非利士人把約櫃當成戰利品，送入大袞廟，大袞手腳一夜之間斷落，更可怕的是，亞實突人（就是當地的非利士人），突然之間從小到老，男男女女全都得了痔瘡，就是肛門燥熱紅腫，先癢後痛的病症，也有的聖經學者認為是毒瘡，也就是鼠疫，透過老鼠傳染的黑死病。

由於無人倖免，個個喊疼，嬰兒也哭，亞實突人知道自己做錯事了，低頭認罪：「慘了，以色列人的約櫃不可以留在我們這裡，因為耶和華的手狠狠重重加在我們，以及大袞神的身上了。」

於是，非利士五城的首領們，召開緊急會議，商量的結果是，把約櫃運到迦特去，也許因為迦特人個個身高馬大，特別強悍的緣故吧。

亞實突人把燙手山芋，扔給了迦特，他們的心情，比現代人運送核廢料還要急切。約櫃離開了亞實突，但是亞實突人的痔瘡並沒有好轉，而是迦特人開始呼天喚地，個個痛到無法忍受。

迦特人只好把約櫃送到以革倫，由於前面兩個城市的淪陷，約櫃一到達，以革倫人就喊嚷：「完了，這要害死我們了。」話沒有說完，眾人同時間長出痔瘡，甚且有人因此死亡。

約櫃在非利士人之地，長達七個月之久，他們恐慌而無助，五個首領再度召開會議，五個人身上都長了無藥可醫的痔瘡，坐在那兒，身體扭來扭去，沒有一個姿勢可以緩解疼痛。

他們這一回找了祭司與占卜的一起參加會議，商討如何處理約櫃危機，一群同病相憐的人，討論的結果是，約櫃一定要送還給以色列人。不過，不可空手而去，得要帶上賠罪禮。

祭司們建議的賠罪禮很可笑，竟然是打製五個金痔瘡，五個金老鼠，代表非利士五個首領，祭司們說：「何必像當年埃及法老一般，不懂得識時務為俊傑。」其實上帝在埃及，在非利士人身上降災，用意是告訴他們，宇宙中只有一位創造天地的神：耶和華。聖經中時常出現「諸神」，這些神也有若干法力，畢竟不是真神，可惜人們憑著自己的智慧，不容易了解一神的真理。

占卜者還死硬不願承認，非利士人身上的痔瘡來自耶和華，因此他們還要測驗一下，方法是這樣的，先造一輛新的車，再找兩隻未曾負軛，剛剛生下小牛的母牛，套在車上。把小牛關起來，否則，母牛的母愛會捨不得小牛。

這輛新牛車，沒有人駕馭，占卜者表示：「如果牛車直行到以色列的伯示麥去，顯然你我身上的痔瘡由耶和華而來，若是不然，那就是大家倒楣偶爾撞上的。」

非利士人就牽來兩隻有乳的母牛，套在車上，把小牛關在家裡，將約櫃以及放著金老鼠、金痔瘡的精美匣子一起放在牛車上。

說也神奇，兩隻母牛彷彿被上帝差遣，直行大道，不偏不倚，一面咩咩叫著，啼嗒啼嗒一直走到伯示麥的邊界。

五個首領一路跟在牛車後面，看到牛車順利進入伯示麥境界，放心地長吁一口氣。

伯示麥人很高興迎接牛車，無人駕駛的牛車，自動跑回以色列人境內，這不是耶和華的神蹟嗎？大家一塊把牛車劈開，將兩隻母牛殺了，獻為燔祭與平安祭。

利未人把耶和華的約櫃放在大磐石上，有七十個人很好奇，忍不住掀開約櫃的蓋子，向內窺看，比手劃腳，指指點點，非常輕率地、彼此交頭接耳地交談著。

忽然之間，這七十個人「碰」的一聲，集體向後仆倒，死了。太可怕了，圍觀的眾人嚇得四處逃散。

也不過是探頭瞧一瞧，上帝在天上，用力一拍手，七十人立刻喪命，上帝的處罰又快又猛，因為上帝在〈民數記〉中早就規定「利未人在拆搭帳棚之時，近前來的人必被治死。」同時，祭司要用海狗皮等遮蓋器具，至於掀開櫃子，這是祭司都絕對不敢做的。以前摩西哥哥的兩個兒子，因為擅自獻上凡火，也當場擊斃。

中國人拜天，卻沒有為天製造一個偶像，因為天是廣闊無際的，上帝為了讓以色列人，看到具體實物，增加安全感，所以用約櫃做為象徵，既然如此，也得用恭恭敬敬的心看待約櫃。

一連幾個當頭棒喝，人人莫不心驚肉跳，伯示麥人不敢再留約櫃了，於是和基列耶琳人商量，他們答應了，約櫃放到山上亞比拿達家中，在二十年中，他們聽從先知撒母耳傳來的訊息，一心歸順耶和華，歲月靜好。

8. 俊美的君王

中國人說，「國不可一日無君」，在撒母耳當士師之時，上帝怎麼吩咐，撒母耳怎麼照辦，等於上帝親自管理百姓，沒有比這個更美好的。

上帝要求以色列民眾必須把外邦的神，亞斯他錄等一律除掉，打水澆在耶和華面前，禁食認罪，真心悔改，上帝必然保護到底。

須知一件事，上帝之外，許多小神也是有若干力量的，當遊牧民族的以色列，進入農業地區的迦南，看到人人忙著拜拜，迦南人的田綠油油的，又可過著放蕩淫亂的生活，的確是會羨慕。而上帝卻是恨鐵不成鋼，一直磨，繼續磨，祂要以色列民成為聖潔的國民。

以色列人怕死了非利士人，因此痛加悔改，一如人們在臨到災難、遇上重症時，往往會願意信奉上帝，但是光禱告是不夠的，必須悔改、徹底悔改。

在今天，人人可以隨時禱告，得到力量，每個人都像一根水管，可以汲取神的活水，平靜肯定，把苦難世界變為天國。在舊約時代，只有少數人，可以傳遞上帝的能力，撒母耳就是一個以禱告著名的先知。

正當以色列人進行莊嚴的澆水，表達內心湧出的淚水之時，糟糕，非利士人準備大舉進攻，以色列人央求撒母耳：「求你，求你，不斷地為我們呼求耶和華，救救我們啊。」忽然之間，雷聲轟隆，一波一波，自遠處襲來，彷彿天地末日，非利人棄甲而逃，以色列人趁此追擊，一直到伯甲下面。撒母耳在米斯巴和善中間，立起一塊石頭，起名為「以便以謝」，意思是說，到如今耶和華都幫助我們。

過了長長一段美好的歲月，撒母耳老了，他立了自己兩個兒子約珥與亞比亞擔任士師。還記得撒母耳是小撒母耳的時候嗎？上帝曾在半夜與他說話，囑咐以利好好管教兩個兒子，撒母耳儘管英明，同樣管不住兒子的貪圖財利、接受賄賂。

以色列的長老們聚集，要求撒母耳立一個王來治理天下。撒母耳禱告之後，上帝回答，「人民其實不是厭棄你，是厭棄我，他們心中還是想拜別神，就依他們吧。」於是撒母耳告訴人民，若有君王，得替他趕車、跟馬、耕種、收割……等等，百姓依然吵嚷：「我們一定要一個君王。」

因此，上帝揀選了掃羅，成為以色列第一任君王，中國人有一句話「君權神授」，意思是君王的大權來自上天，這往往也是打下天下的君王，往自己臉上貼金，表現真命天子的氣概。掃羅卻真真確確由上帝指派。

掃羅的出場，很有意思，先說掃羅的父親名叫基士，基士是亞斐亞的玄孫、比歌拉的曾孫、洗羅的孫子、亞別的兒子，囉哩囉嗦講了一大堆，原來，以色列人和中國人一樣，慎終追遠，祖宗八代都要搞個一清二楚。

掃羅長相俊美，又高又帥又健壯，而且身材特高，在所有以色列人之中，沒有比得過掃羅的，他比一般人高一個頭，鶴立雞群，讓人遠遠就能看見，吸睛力百分之百。上帝太瞭解人們的心，沒有人不愛美的，無論男人女人都忍不住對掃羅多看兩眼。

掃羅的父親基士，有一天，忽然發現幾頭驢失蹤了，不曉得跑到那兒去了。基士對掃羅說：「兒子，你帶一個僕人去找驢子。」

基士的驢顯然身上做了記號，否則，天下驢何其多也，如何辨識？

掃羅主僕二人，走過以法蓮山，又穿過了沙利沙地，就是沒有驢子的蹤影，到了前面蘇弗地，掃羅停下來，對僕人說：「咱們回家吧，不然父親會擔心。」

瞧，正如孔子所言：「父母唯其疾之憂。」父母會擔憂兒子生病，「父母在，不遠遊」，因為跑遠了，父母會牽掛，掃羅懂得體諒父親，難怪這是上帝會選上他的第二個原因。

僕人不想白忙一場，空手而返，他對掃羅說：「這城中，我知道有一位神人，乃是眾人所仰望的，他說的，每一句話都應驗了，不如找他去。」

「我們囊中如洗，沒有什麼禮物，不好空手求見。」掃羅有些猶豫難為情。

僕人摸了一摸口袋：「我這裡還有一舍客勒四分之一的銀子。」

錢能壯膽，掃羅就答應了。於是，往神人所住的地方前進，剛剛一上坡，遇到幾個妙齡女子來打水，正好可以詢問。

女子說：「你們運氣真好，先見今天正在這兒，因為百姓要在邱壇獻祭。」

其實，在掃羅來的前一天，耶和華已經告訴撒母耳：「明天這個時候，會有一個人從便雅憫來到這兒，你要膏他為君，救人民脫離非利士人之手。」

當掃羅迎面而來，撒母耳瞥見他時，耶和華又開口了：「就是他。」

在一轉瞬之間，撒母耳明白，這幾十年來，他到處巡行各地，審判人民，贏得愛戴。如今，耀眼奪目的光環，將由眼前這位美男子取代。撒母耳心中沒有眷戀、沒有酸楚。因為，從小，他母親哈拿教導他，他一生奉獻是給神，為上帝服務。一種新的使命感油然而生，他要好好幫助掃羅。

於是，以色列第一位君王——掃羅於焉而生。

9. 先知說預言

「你三天以前丟掉的驢子，已經找著了。」

掃羅還沒有開口詢問，撒母耳先就給了答案。掃羅大吃一驚，原來上帝與撒母耳直接交通，上帝明白人一切的心思意念。

就是在今天，在目前的時刻，上帝還是會藉人傳話。有一個真實的例證是這樣的：某位黃姓女教授，在一所著名的大學任教。她受洗之後，非常擔心已經去世、卻沒有信主的母親，有一個週日，在台北靈糧堂做完禮拜之後，從二樓走下來，一個外國男子，突然走到黃教授身邊，輕聲對她說：「耶穌要你不要為媽媽擔憂。」而且是用英文說的。

黃教授簡直不可置信，她的心事未曾告訴任何人，耶穌怎麼如此體貼，而且還找了洋人安慰她。頓時，一股暖流傳遍全身。

掃羅正在發愣，撒母耳又接著說：「以色列眾人所仰慕的人是誰呢，不就是你和你父的全家嗎？」

掃羅當然聽過撒母耳的大名，也親身領教了撒母耳先知的本領，但是撒母耳如此抬舉，可嚇壞了掃羅，掃羅搖搖手道：「我啊，我是以色列支派中最小的便雅憫人，我家又是便雅憫支派中最小的一家，你怎麼會對我說如此奇怪的話呢？」

奇怪的事還在後頭，撒母耳領著掃羅主僕二人進了客堂，裡面有一張大桌子，有三十位衣冠楚楚的賓客坐著，其中的主位空著，撒母耳對掃羅主僕二人說：「你們就坐在這兒。」

掃羅扭捏不安，又不得不從命的坐下，這時，撒母耳拍拍手對廚師說：「昨天，我交代你，好好收存的那一份祭肉，現在可以拿來了。」

原來，獻祭之後，其中最好的胸肉與腿，向來是分給祭司的。撒母耳貼心，特別留了下來，廚師烘烤得噴香，放在掃羅的面前，等於在眾人面前，顯出掃羅居首的特殊地位。

撒母耳慈祥地說：「吃吧，這是我昨天宴請百姓之時，特地為你留下來的。」言下之意，昨天撒母耳就知道，掃羅今天會來。腿肉的鮮美，讓掃羅明白，這不是夢，這是真實的一幕。

當天晚上，撒母耳招待掃羅，住在房頂上好的房間，預備好了床鋪，第二天一大早，撒母耳要掃羅打發僕人走開，然後拿了一瓶膏油，倒在掃羅的頭上，接著，與掃羅親嘴，對他說：「看哪，這豈不是耶和華要你做君王嗎？」

事出突然，因此，掃羅一臉茫然，不知該如何回應。

全能的上帝，清楚每一個人的心思意念。於是，撒母耳接到上帝的指示，開口道：「你今天和我離別之後，會碰到三件奇怪的事，你且聽著……」掃羅一一默記在心，謝過撒母耳，主僕二人便上路了。

當掃羅走到靠近拉結墳墓之時，突然閃出兩個陌生人，親切地對掃羅說：「你要找的那幾頭驢子已經找著了，現在你的父親開始擔心你，不曉得兒子怎麼了。」

這是撒母耳說的第一個預言，馬上兌現了。

掃羅心想：「真靈啊。」

繼續往前走，根據撒母耳的預言，在他泊橡樹那兒，會出現三個人，連三個人手裡拿什麼，撒母耳都說了。

掃羅正在張望，果然，前頭來了三個人，一個帶著三隻山羊，羊正咩咩叫，第二個人帶著三個餅，第三個人帶著一皮袋酒，完全正確。

這三人看到掃羅，立刻前來問安，並且慷慨送掃羅兩個餅，正如撒母耳所言。掃羅也就不客氣地接過來，和僕人分食。

快到了進城之時，誠如撒母耳所言的，來了一批先知，有人認為，撒母耳設立了一所先知學校，或是訓練中心（不過，聖經中並沒有確實記載。）有鼓瑟的、擊鼓的、彈琴的，一路上樂音悠揚，他們受了聖靈感動，都在說話。所謂說話，是接收到上帝發出的聲音，然後從先知口中說出來。

這批年輕人是如此青春、熱情、聖潔、可愛，掃羅看著他們，回想到一連串的奇異恩典，上帝的靈大大感動他，掃羅竟然也開始，說起先知才會說的話。

掃羅聽到自己口中，滔滔不絕的話語，想起撒母耳曾經說過，「掃羅你會與先知一同受感動而說話，你要變為新人，當這個兆頭臨到你，你就可以趁時而作，因為神與你同在。」掃羅簡直不敢置信，撒母耳的預言，一件一件具體呈現。

掃羅自己不相信，別人當然更難以相信，掃羅的左右鄰舍，遠遠看見他與先知一同受感說話，彼此交頭接耳：「這人不是基士的兒子掃羅嗎？他什麼時候也加入先知了？」

掃羅回到家，父親好高興。驢子找到了，兒子也回來了，尤其還遇見人所景仰的撒母耳，一家人都很興奮。

掃羅的叔叔很好奇打探：「撒母耳對你說了什麼，快快告訴我。」

「沒什麼，就說找到驢子了。」掃羅淡淡地回答。

這一段經過，彷彿南柯一夢，掃羅回到平常的日子，繼續當農家子弟，然而他明白，上帝會帶領下一步。

10. 君王的加冕

當撒母耳把膏油倒在掃羅的頭上之時。其實，掃羅就已經是以色列的君王了。但是，還缺乏公開的儀式。

所謂膏油，這是用橄欖油特別精煉過的，清澈純淨之油，拿來點聖幕中的燈，並且塗抹會幕、法櫃、桌子、一切器具，以及祭司本人。使之「分別為聖」，意思是說，分別出來，屬於神專用，上帝的靈與其同在。

舊約時代，膏油使用在祭司、君王所專有。到了新約時代，一般的基督徒也可以被塗抹，成為聖潔，聖經的雅各書之中，有一段話：

「你們中間有病了的呢，他就該請教會的長老來，他們可以奉主的名用油抹他，為他禱告，出於信心的祈禱，要救那病人，主必叫他起來，他若犯了罪，也必蒙赦免。」

目前現在的福音書房，通常也出售以色列進口的小瓶膏油。

掃羅受了膏抹，悶不吭聲，因為他知道，還不是對外張揚的時候。百姓們對於立王一事，興趣濃厚，議論紛紛，翹首以待。

撒母耳將老百姓招聚到米斯巴，很沉重地對大家宣布：「耶和華這麼說，我領導你們出了埃及，救了你們，又救離你們，使你們免於各國的欺壓，現在你們竟然厭棄了我，要求我立一個王治理你們。」

上帝說這話，真像一位痛心的父親，因為兒子執意要求，勉為其難，因為實在太愛孩子，也就答應了自己認為不妥之事。

於是，撒母耳開始抽籤。

搞了半天，原來立君是抽籤，那不是和廟裡的抽籤一樣嗎？不一樣的。抽籤是由先知撒母耳抽，以色列眾支派製籤，名單上一個也不漏掉，絕無作弊之嫌。再說，人在廟裡，若是抽了一個下下籤，心中嫌棄，揉成一團扔掉，非要抽一個上上籤不可，這也是人之常情。

撒母耳慎重其事，從眾支派之中，抽出便雅憫支派來，再從便雅憫支派之中，抽出瑪特利族來，最後抽出基士的兒子掃羅來，大家掌聲雷動，掃羅卻不見了。

原來，除了撒母耳之外，只有掃羅知道答案。他不曉得自己何德何能，有資格擔任以色列第一任君王。因此，掃羅躲起來了，這是他謙虛的美德。

經過一番躲摸摸，大夥很快就把掃羅找到了，掃羅出現，鶴立雞群，足足比每一個人，高出一個頭。

撒母耳微笑地看著掃羅，對眾人說：「你們看看，耶和華所揀選的人，何等相貌堂堂，誰能夠比得上他？」

的確，掃羅高大軒昂、英氣逼人，完全合乎人們心中對君王的期待，因此，眾民興奮地高喊：「願王萬歲、萬歲、萬萬歲。」接著，撒母耳向百姓說明王的責任權利，眾人散去。

在一片歡呼聲之中，許多年輕人，以喜樂的歌聲，跟隨掃羅身後。但是，也有人突然冒出來，邊跳邊說：「你看這樣，我也與掃羅一般高了，也可以當王了。」反對派故意當面給掃羅難堪，走在掃羅前面，講些刻薄嘲笑的話，大聲喊叫：「這個人怎能救我們，太可笑了。」支持派與反對派幾乎發生衝突。

掃羅繼續往前走，一語不發，視若無睹，裝聾作啞，其實，有時候裝傻，也是一種智慧。他能吞下被冒犯的羞辱，按捺脾氣，具有節制的美德。掃羅回到家，繼續耕田、趕牛、照常過農民的日子，他在等候……

機會來了。

有一天，掃羅趕牛回家，遠遠地就聽到啼哭的聲音，而且是一群人全在哭泣。原來亞捫人的王拿轄，對準基列雅比人攻擊，雅比人自知不敵，請求雙方訂立和平條約。

拿轄王霸氣回應：「你們若是任由我挖掉你們的右眼，侮辱以色列人，我就與你們立約。」

挖眼珠是多麼可怕的事。至於為什麼是右眼，因為當時打仗的方式，多半是弓箭手，用右眼瞄準位置。在士師秉政時期，曾經有四百位女子嫁給便雅憫人為妻，雙方關係密切，碰到這等大事，自然跑來求救，並且告訴掃羅，拿轄寬容他們七天，七天過去，就要集體挖眼珠了，說著，眾人又一起痛哭流涕。

上帝的靈感動掃羅，他提起刀來，把牛切成十二塊，吩咐使者將肉塊分送十二支派，並且表示：「凡是不出來跟隨掃羅和撒母耳的，也要這樣切開他們的牛。」立刻聚集了三十三萬人，掃羅要雅比人對亞捫人說：「明天我們會出來投降。」接著，掃羅拂曉攻擊，分為三隊，一波一波的勝利，到了中午，速戰速決，徹底瓦解了亞捫人的軍隊。

古今中外的君王，總是要立功才能立威，掃羅這一仗打得漂亮，擁護者高興得要飛上天，於是對撒母耳說：「當初是那些人說，掃羅豈可管理我們呢？該把這些反對者抓起來，把他們幹掉。」要求嚴懲異議分子。

「不可以。」掃羅馬上制止，「今天是耶和華在以色列中施行拯救的日子，所以，不可以殺人。」

這話講得漂亮，展現了君王的大器。事實上，原先鄙夷掃羅的反對派，也加入了這場戰役。掃羅把災難化為黃金般的機會，耶和華保護掃羅，全面贏得民心。

11. 人性中的危險

當以色列民要求立一個君王之時，上帝是光火的。祂藉著先知撒母耳傳話，其實是上帝親自管理眾百姓，祂要使以色列人成為人類的模範生。

上帝反對以色列人立君王，因為人是祂創造的，祂太知道人的罪性。當上國君，罪會蓬蓬勃勃地發展出來。但是，上帝也早就預料到，會有這一天來臨。

因此，早在摩西時代，在聖經〈申命記〉之中，上帝就說過：當你們到了耶和華所賜給你們的那地，若是說，我們想要像周圍的國家一般，有國王來治理我們，耶和華就會在你們中間揀選一人為王。

但是，國王不可為自己多加添馬匹，不可為自己多立妃嬪，也不可為自己多積金銀，免得心地偏邪。國君登位之後，他要為自己抄錄一本律法書，平生誦讀，好好學習敬畏耶和華神，免得心高氣傲，偏左離右。

掃羅登基以後，有沒有親筆抄寫律法書，聖經之中沒有記載。不過，也不是抄一抄，寫一寫就會照著實行的。

國君的權利太大，為所欲為，極端危險，這是中國歷代忠臣共同的擔憂。在宋朝之時，司馬光認為，國君應該明白興亡治亂之因，因此花了十五年的時間，完成《資治通鑑》一書，「資治」就是用來治理之意，獻給宋神宗，所以《資治通鑑》原來是給皇帝讀的書，後來成為曠世的史學名著。

大家對司馬光最深的印象，應該是他年少之時，打破水缸，救出差一點被溺斃的小男孩的故事。事實上，司馬光修身、齊家、治國樣樣為人稱道。

司馬夫人由於沒有生兒子，在不孝有三，無後為大的觀念之下，為司馬光找來一妾。司馬光卻沒有一絲興趣。有一回，夫人打發小妾進書房，伺候司馬光。不料，司馬光竟然大吼：「夫人不在，你膽敢進來。」

王安石變法失敗以後，朝廷上下都寄望司馬光收拾殘局。司馬光從洛陽進京之時，老百姓竟然爬到樹上、屋頂上，爭先恐後瞻仰司馬光的風采，後來果然施展長才。

司馬光自是守正不阿的君子，他畢竟只是一個人，上帝是創造宇宙的上帝，他雖然也沒有辦法，強逼君王恪守律法，但是在聖經中的〈列王紀〉、〈歷代志〉中，清清楚楚指出君王的得失，該懲該獎，絲毫不含糊，上帝絕對公正認真。

好，我們把焦點再轉回到撒母耳身上，他是以色列最後一位士師，現在，他要卸下這一部分的職務，撒母耳做了一次著名的演講：

他對眾人說：「你們向我要求一個君王，現在已經應允大家了，我也年老髮白了，現在我要請諸位，以及耶和華的受膏者（就是掃羅）為我做個見證，我有沒有奪過誰的牛？搶過誰的驢？欺負過誰？虐待過誰？從誰手中受過賄賂？如果有，我必償還。」

百姓們同聲開口「沒有，完全沒有。」想到撒母耳對大家的好，許多人眼角濡濕。當撒母耳是小撒母耳時何等善良可愛，老撒母耳時仍舊可佩可敬。因此教會之中的兒童特會，經常命名為「小撒母耳營」。

撒母耳先是謙虛地請求大家檢討自己，正如同後來耶穌說：「為什麼看見你弟兄眼中有刺，卻不想自己眼中有梁木呢，你自己眼中有梁木，怎能對你弟兄說，容我去掉你眼中的刺呢？」這兒的梁木與刺都是指缺點。就像中國人說的，刮別人鬍子之前，請先刮乾淨自己的鬍子。

既然百姓都找不出撒母耳的錯處，他開始不客氣地指出眾人的罪行：「你們要想一想耶和華在你們面前，所行一切公義之事，你們祖先以前在埃及當奴隸，不斷呼求耶和華，祂差遣摩西、亞倫帶大家出了埃及，在這地方居住。他們卻忘記了耶和華，在士師時代，被西西拉、非利士人、摩押人攻擊，再度呼號懇求，耶和華又應允了。」

每一次遇到大災難，百姓就呼求耶和華：「我們離棄耶和華，去拜巴力和亞斯他錄是有罪啊。」話雖如此，老百姓仍是偷偷摸摸，學著拜生殖色情神，以及心目中的財神爺。

撒母耳語重心長地說：「你們和你們的王，若是順從耶和華神就好了，否則，耶和華的手必定攻擊你們。」群眾嗯嗯啊啊，聽聽就是了。

「現在，你們站住。」一向溫和的撒母耳，突然之間嚴厲起來：「你們等著看，耶和華要做一件大事，這不是割麥子的季節嗎？當我求告耶和華，祂必定又打雷又降雨，讓你們知道，你們要求立王是犯大罪了。」

割麥子的旱季，約在五、六月間，這是巴勒斯坦從來不下雨的時候。撒母耳祈禱之後，立刻烏雲密布，雨水嘩啦嘩啦打在百姓身上，彷彿神在鞭打，大家嚇死了，趴在地上懇求撒母耳代禱：「幫幫忙，為我們求告耶和華神，免我們一死。」

「不怕，不怕。」撒母耳溫柔地安慰百姓：「你們雖然行了這惡，只要不偏離耶和華，耶和華仍舊喜悅你們，別忘了你們是神所揀選的。」

上帝就像一位父親，拿起鞭子想要痛打屢次犯錯的兒女，因為愛，因為不忍心，還是重重舉起，輕輕放下。

就這樣，撒母耳漂亮地、優雅地告別了他的士師的工作，輕易地放下最不容易割捨的政治權位。但是誠如撒母耳所言，「我還是會不停為你們禱告，指教你們走善道正路。」也就是說，撒母耳會繼續擔任先知的角色。

12. 攀岩

武力是國力中重要的一環，古往今來世界各國無不重視，而且往往在國慶佳節，展現最新武器，宣揚國威。

說起來可憐，當以色列人進入迦南地區，莫說是武器，連農具都沒有。全以色列沒有一個鐵匠，非利士人不讓冶鐵技術外移。因此，以色列人只得找非利士人，幫忙磨犁耙、鋤頭、斧頭與鐮刀，當然不是免費的。

至於戰車馬匹，那是非利士人所專有。以色列人只有原始的弓箭和甩石機，相當克難。

掃羅登基做王之時，年四十歲，過了兩年，拿出領導人的氣勢，在以色列人中選了兩千人跟著自己，另外一千人跟著約拿單。

約拿單是掃羅的兒子，聖經之中重要的人物，高貴勇敢，全心相信上帝。他不信邪、不害怕，竟然出手攻擊在迦巴的非利士人。掃羅跟著吹角，召聚眾人，集合在吉甲。

這個時刻，非利士人開始發威，調集三萬輛戰車，六千馬兵，步兵多如海邊的沙石，敵強我弱，以色列人陷入無邊的恐慌之中，逃、逃、逃，沒有別的路子，只有快逃，有的藏在山洞裡、叢林中，有的躲在石穴和坑中。甚且有人逃難過了約旦河，逃到迦得。

以色列人彷彿像二次大戰時躲警報，以免遭到空襲，但是，警報始終沒有解除。掃羅還在吉甲，跟隨他的民眾逐漸散去，他在等撒母耳，照著撒母耳所言，掃羅等了七天。這一天一大早，掃羅心焦如焚，撒母耳是不是忘記了，老人家記憶差了，或是半途遭到什麼麻煩也說不定。

在此緊急時刻，掃羅必須請上帝立刻出手，因此，他下令，不再繼續等待撒母耳了，他對祭司說：「把燔祭和平安祭帶到我這裡來。」

於是，掃羅親自獻上燔祭。慘了。

剛剛獻祭完畢，撒母耳就出現了，掃羅連忙去迎接，向撒母耳問安。

撒母耳發現掃羅獻祭，心中一沉，掃羅僭越了，所謂僭越，就是超過自己職權或資格、身分以外的行為。

撒母耳又著急又心疼掃羅：「你怎麼會做出這種事呢？」

掃羅很委屈地說：「百姓離開我散去，你也沒依預定的時候來，非利士人來勢洶洶，我害怕因我沒有禱告，就勉勉強強獻祭了。」這話似乎也有理。

撒母耳長嘆一口氣：「你啊，你做了糊塗事了，沒有遵守命令，現在你的王位必不長久，耶和華已找到另一個合他心意的人了。」

掃羅好難過，坐在米磯崙的石頭上發呆。掃羅也許自以為做的是好事，他還不明白，所謂好事是耶和華眼中看為正的事，而非自認為好事。這也是我們每個人容易犯的錯。不過，上帝是憐憫的，雖說王位不長久，後來，掃羅仍一共做王四十年，神始終給人機會悔改。

當以色列人矇著眼睛、躲在洞穴中，等待死神降臨之時，陽光青年約拿單的想法不同，他認為，以色列人向來人少，這是事實。然而，勝負在於耶和華，以前基甸率眾高喊「耶和華和基甸的刀」，上帝就幫基甸贏了，基甸手中根本沒有刀，何況約拿單，手中還有唯二的兵器，另外一個有刀有槍的是掃羅。

「走，我們去非利士人的防營去。」約拿單對他侍衛吩咐。

「你去，我必跟隨。」這個少年兵也有膽識。

約拿單並沒有告訴他的父親掃羅，免得掃羅阻擋。主僕二人到了隘口山腳下，約拿單對侍衛說：「如果非利士守衛要我們站住，這事就辦不成了。假如讓我們上去，這就是耶和華準備將非利士人交在我們手中的證據。」

防兵馬上發現了二人，於是嘲笑道：「希伯來人到底從洞穴中爬出來了，上來啊，我們有事告訴你。」

非利士防兵料定約拿單上不了山，因為隘口兩邊，各有一個山峰，一是播薛山，一是西尼山。播薛的意思是光亮，光滑如鏡。西尼則是多刺尖銳陡峭，可想而知，上山不易。

但是，約拿單主僕二人，不怕死地向上攻頂。自從一九七〇年之後，攀岩成為一種時尚運動，許多冒險家享受危險的刺激。但是，還是配備許多安全裝置，例如吊帶、岩盔、鉤環、繩子，甚且還有吸收汗水的粉袋，是一種昂貴、並且少數心臟夠強之人的專屬活動。

約拿單憑藉著對上帝的信心，對自己的自信，彷彿天使的手，托住他二人的腳，三兩下就直接攻頂。

防兵正在閒聊，被約拿單一刀刺死，然後，就像武俠電影中的情節一般，這兩人連殺二十人，緊要關頭，上帝出現，地震來了。

非利士人也知道，上帝帶以色列人出紅海，也吃過基甸的敗仗，驚懼之中，非利士人拿刀互砍；躲在洞穴中的以色列人，興奮地出來加入戰場；曾經投降非利士人的以色列人，同樣拿起刀助陣，以色列人大勝。

每個人的人生都在攀岩，沒有一帆風順的，總會遇到千山鳥飛絕、萬徑人蹤滅的惶恐，不知如何走出黑深的泥淖。這時候，只有緊緊信靠上帝，抓住上帝那看不見的慈繩愛索，向上攀岩吧。

13. 甜蜜蜜

鄧麗君的一首〈甜蜜蜜〉：「甜蜜蜜，你笑得甜蜜蜜，好像花兒開在春風裡……」不曉得甜潤過多少人的心田。

此刻的約拿單正是甜蜜蜜，他和少年兵兩人摸營，竟然得到耶和華以地震相助，大獲全勝，一路追非利士人，到達伯亞文。世界上還有什麼，能夠比得上發現自己蒙上天恩寵還要快樂呢？

約拿單唱著讚美上帝的歌曲，眾士兵也跟著哼，大夥們匆匆走入樹林之中，心曠神怡、萬事如意。畢竟打仗是拚著命耗費心神的，身體上也倦了、累了，更是餓了，許多人的肚子發出咕咕的聲音，想吃點什麼了。

這時候，約拿單發現有蜜，有蜜從樹上淌流下來，大喜過望，迦南地果然一如上帝所言是「流奶與蜜之地」，他抬頭一望，可不是嗎？上面有蜜蜂築的蜂房。

約拿單似乎不像童話故事中的小熊維尼，搭著梯子，沒吃到蜜，卻被蜜蜂追著螫咬。約拿單伸起手中的杖，蘸了一大層蜜，放在口中舔食，甜香滋補，具有豐富的蛋白質，「哇，我的眼睛立刻明亮了。」約拿單興奮地叫起來。

「快啊，你們也來嚐嚐甜頭。」約拿單吆喝著。

以色列人別的沒有，每個人都有一根杖子，但是，說也奇怪，沒有一個人敢伸手杖取蜜，只是呆呆站在那兒，怔怔望著約拿單，臉上露出驚訝恐怖、不敢置信，甚且一副想要哭，卻又勉強忍住的怪異表情。

約拿單一臉疑惑。

終於有人開了口：「你不曉得嗎？你父親下了一道命令，要求百姓嚴嚴地起誓，今天誰敢吃任何東西，必定被咒詛，因此我們都餓慘了。」

約拿單是個好心腸的陽光青年，他沒有想到自身安危，反而為軍士們抱不平：「這是我父親連累各位了，你們看，我只不過嚐了一點點蜜眼睛就亮了，今天如果大家吃飽喝足，不是更有力氣打仗嗎？」

約拿單的父親掃羅王，也許是想破釜沉舟、激勵士氣。也許是想用禁食，表示虔誠。但是禁食只為了專心禱告，選擇在前線吃緊之時禁食，實在不體諒士兵的辛苦。

就在這一天，以色列人擊殺非利士人，從密抹一路追殺到了亞雅崙，戰果輝煌，飢腸轆轆，急急忙忙把搶奪來的牛啊羊啊，現宰現殺現吃，肉上還沾著血。

中國人喜歡吃豬血糕，火鍋中不可少了鴨血。美國牛排三分熟，一刀割下去，血肉淋漓特別鮮嫩。但是摩西律法之中，嚴格禁食帶血之肉，因為血裡有生命。不僅舊約如此，新約之中也禁戒食血。

一直到今天，猶太人仍然遵守這個規定。動物的血，透過浸泡與鹽漬的方式來清除。首先，將肉浸泡在水中，然後，抹上粗鹽，讓殘留的血，完全被吸收。肝臟中含有大量的血，因此必須再燒烤，確保肉中無血。

此外，牛的脂油，綿羊山羊的脂油，一律不許吃，就是現代猶太人，依然透過精確的宰殺工夫，把肥油剔除。

從現代醫學的角度，如果一個人驗血的結果，全是紅字，顯然不健康。因此不食血是聰明的，少吃油脂更是明智，這也許也是以色列國富民強的因素。

在聖經〈利未記〉中明載：「無論是誰吃血，那人必從民中剪除。」吃血是罪大惡極。

於是，立刻有人通報掃羅王，掃羅也立刻下令，「快，把大石頭滾到我這兒來，讓百姓在石頭上宰牛殺羊。」理由應該是，高低落差，血容易淌出。不過，掃羅原先的命令是禁食，這豈不是自打嘴巴。

接下來，掃羅又心急的下命令：「不如我們趁夜突襲，殺他個非利士人片甲不留。」

祭司亞希亞，他是老祭司以利的孫子，開口了：「我們先問問耶和華神吧。」

掃羅答應了，祭司求問了，上帝卻沒有回答。

掃羅動怒了：「長老都上來聚集，我們要查清楚，到底是誰犯了罪，我指著耶和華起誓，就是我兒子約拿單犯了罪，他也非死不可。」

接著，開始製籤，掃羅與約拿單一組，其他百姓一組，一抽之下，掃羅這一組中籤。掃羅嘩啦嘩啦發脾氣，大家都屏息以待，為約拿單担憂。

再抽一次，果然是約拿單出事。

中國人一向認為「將在外，君命有所不受」，何況，約拿單根本不知道，掃羅下了這奇怪的命令。

約拿單很委屈地說：「我的確用手杖，蘸了一點蜜，難道，就因為這點小事，我就該死嗎？」

掃羅的權威感壓住了父愛，為了維護尊嚴，他大聲說：「你一定得死，不然願耶和華重重降罰我。」

眾百姓集體抗議：「這次大勝，論功行賞，約拿單是第一有功，豈可殺約拿單。」

就這樣，保住了約拿單一條小命。顯現出掃羅魯莽。

當然，掃羅並非一無是處，他聯合十二支派，招募勇士，使以色列人從士師時代進入君王時代，打敗摩押人、亞捫人、以東人等等。

根據聖經記載，掃羅曾讓以色列婦女穿上朱紅色的美衣，衣服上有黃金的妝飾，個個眉開眼笑甜蜜蜜地，可見得即使在流奶與蜜之地，人生仍是一場又一場的爭戰。

14. 捨不得

日本作家山下英子，寫了一本很有名的書《斷捨離》，意思是斷絕不要的東西，捨去多餘的廢物，脫離對物品的執著。藉著整理物品，整理心中的混沌，讓人生感到舒適。

許多讀者看了書，狠心丟棄家中許多廢物，接著又搬進更多週年慶的戰利品。

人生究竟應該如何看待捨不得，聖經之中記載了兩則故事：

先知撒母耳對掃羅說：「耶和華要你去擊打亞瑪力人，滅盡一切男女老少，以及牛羊駱駝和驢。」這一道命令真是嚴格。在聖經之中，亞瑪力人代表肉體與罪惡，他們是以掃的後裔，以掃為了一碗紅豆湯，賣了長子的名分。亞瑪力人殘暴，惡貫滿盈，正如同後來的巴比倫帝國，上帝讓他們在歷史之中消失了，上帝的確會處罰罪惡。

掃羅一戰而勝，擊殺了百姓，卻留下了亞瑪力王亞甲，以及好的牛羊，以及其他一切美物。這怎能瞞過上帝呢，上帝對撒母耳說：「我立掃羅為王，我後悔了，他沒有遵守命令。」

撒母耳難過極了，整夜為掃羅哀求，接著，趕到吉甲找到掃羅，掃羅還在得意洋洋：「嗨！」他和撒母耳打招呼：「願耶和華賜福與你，耶和華的命令，我都遵守了。」

「那麼，我聽到的羊叫牛鳴，這是哪兒來的聲音？」撒母耳冷冷地問。

「這是因為老百姓愛惜上好的牛羊，要用來獻給耶和華你的神。」掃羅說的也是實話。

「住口吧！」撒母耳生氣了：「耶和華是喜悅燔祭和平安祭，還是喜歡人聽祂的話呢？你既然厭棄耶和華的命令，耶和華也厭棄你作王。」說著，撒母耳轉身要走，掃羅急了，扯著撒母耳的外袍，撒母耳繼續往前走，衣襟就扯斷了。

撒母耳回轉身來，在吉甲，親手殺了亞瑪力王亞甲，就回自己的家去了，從此，再也沒有見過掃羅。但是，撒母耳一直在為掃羅憂傷。上帝問撒母耳：「你要悲哀到什麼時候，起來，你要去膏抹一個新王。」

還記得「灰姑娘」的故事嗎？也是一個國王，要為他的兒子，挑選合意的王妃，這是格林童話之中，著名的一則故事：

有位可愛善良的小女孩，媽媽過世了，父親再娶，後母帶著兩個女兒嫁進來。從此小女孩成為灰頭土臉的灰姑娘，受盡了虐待。她聽說國王辦舞會，邀請全國女子參加，她也好想去，根本沒有機會。

這時，出現了一位仙女，把灰姑娘打扮成為美麗的公主，還用南瓜變成一輛馬車，王子看到她，立刻著迷，整晚只握緊她的手跳舞，然而仙女叮囑灰姑娘，午夜十二點，一切打回原形。因此，灰姑娘倉促逃離皇宮，留下一雙玻璃鞋。

痴迷的王子，拿著玻璃鞋，到處尋訪，最後覓到灰姑娘。這就是《仙履奇緣》，數次被拍成電影。

耶和華找國王，當然用不著玻璃鞋，祂差遣撒母耳到伯利恆人耶西家裡去，上帝說：「我要在他兒子中，選一個出來當王。」

撒母耳一進門，看見耶西的兒子以利押，相貌堂堂、氣宇非凡，心想：「一定是他。」

耶和華卻對撒母耳說：「別看他身材高大，我不選他。」

接著，耶西又像灰姑娘的後母一般，興奮地叫喚：「比拿達過來。」

撒母耳說：「耶和華也不選他。」

「那麼，就是沙瑪了。」耶西篤定地說。

撒母耳還是搖搖頭，他問耶西：「你的兒子都在這兒嗎？」

正如同灰姑娘的後母一般，她腦海中只有自己兩個女兒，耶西也是恍然大悟般回答：「我還有一個小的兒子，他在放羊。」他是第八個小兒子。

「快把他找來。」「他不來，我們不坐席開飯。」撒母耳知道，上帝必定是看上小兒子了。

不多時，面色光紅，雙目清秀，容貌俊美的小兒子進來了。耶和華說「就是他」，放羊的灰少年。

他就是大衛，以色列歷史上最響叮噹的國君，耶和華說：「我看人，不像人看人，人是看外貌，我是看內心。」

大衛的內心有何特殊之處？大衛相信耶和華，敬畏耶和華，而且深信上帝會賜給他無窮的力量。

還記得「狼來了」的故事嗎？放羊的孩子老是說謊，人們就不再匆匆趕來。眾人不僅是救羊，更是要救放羊的孩子，免得他被狼給吞吃了。

大衛不一樣，他碰到比狼更可怕的熊或獅子，獅子跑來，從羊群中啣了一隻羊羔，大衛就追上去，硬是把獅子口中的羊救出來，揪著獅子的鬍子，把獅子把熊活活打死，使人想起《水滸傳》中的武松打虎，武松「提起鐵鎚般大的拳頭使盡平生氣力，打了五、六十拳，那隻老虎眼裡、口裡、鼻子裡、耳朵裡，都迸出鮮血來，一點兒也不能動彈了。」

大衛與獅子野熊爭打，是一件很危險的事，他捨不得上好的牛羊，而且他相信上帝會幫助他，也顯現了對職務的忠心。至於掃羅捨不得牛羊，代表他不想完全聽上帝的話，果然，掃羅的人生如日影偏斜，走向邪門歪道上去了。

15. 音樂家擊敗巨人

撒母耳用膏油抹了大衛，表示大衛被立為以色列的王。正如同直到今天，英國國王在西敏寺接受加冕之時，也有膏油抹在國王的額頭上。

接著，大衛繼續回到牧羊的工作上。

有些中餐廳，為了招徠客人，打出免費穿戴龍袍的花招，讓大家過一過皇帝癮，皇位是人所豔羨的。掃羅王因著撒母耳的一句「耶和華將這國賜給比你更好的人」跌入黑暗的深淵之中，這時惡魔趁虛而入，攪擾掃羅日夜不安、痛苦不堪。

掃羅對臣僕說：「請你們為我找一個善於彈琴的，到我這兒來。」

這時，有個少年人答話：「我曾在伯利恆，見過耶西的兒子大衛，他容貌俊美、說話合宜，而且是勇敢的戰士。」

掃羅馬上差遣使者去找耶西，耶西立刻把幾個餅、一皮袋酒與一隻山羊，馱在驢上，要大衛送給掃羅王。

當大衛輕輕撥弄弦琴，彷彿在述說神的榮耀，立刻平靜了掃羅紛紛亂亂的心緒，好似一隻活潑快樂的鳥，在雨中曼妙甜美的歌唱，驅散了掃羅心頭的污霾。當然，最重要的是，大衛與神同在，他所彈的琴，也能讓邪靈暫時離開掃羅。

掃羅說：「我很喜歡大衛。」大衛就成為掃羅的貼身侍衛，幫他拿武器。

後來，大衛回到耶西身邊，繼續牧羊，彈奏著簡單的弦琴。中國古畫之中，經常有牛背上牧童吹奏橫笛的畫面，可謂異曲同工。大衛雖是容貌俊美，比起哥哥們，他是小號尺寸的美男子，哥哥個個是大號猛漢。

過了一段日子；非利士人大軍前來，安營在梭哥與亞西加中間的以弗大悯，以弗大悯的意思是血疆，顯然過去有著可怕的戰役，兩軍中間有險峻的山谷，約有十到十二呎之深。

就像中國京劇中的劇情，兩軍相戰之前，先來上一段互相叫陣。非利士人派出巨無霸，名叫歌利亞。

歌利亞，九尺六寸高，頭上戴的鋼盔，身上穿著重達五十七公斤的鎧甲，腿上有銅護膝，兩肩之中有銅戟，手上還拿著七公斤重的槍矛。另外有個拿盾牌的人在前頭走，堪稱無敵鐵金剛。

巨人歌利亞用大嗓門討戰：「來啊，挑一個人來與我作戰，他贏了，我們就做你們的僕人，來殺我啊。」

以色列人看到歌利亞，個個嚇昏。比眾人高出一個頭的掃羅，在歌利亞面前，頓時成了小矮人，全身顫抖，背脊一陣陣發冷，軟弱悲涼，癱了。

儘管前面多少回，因為耶和華，以色列以寡擊眾。但是新的困難來了，忘記數算神的恩典，又喪失了信心，因為歌利亞太恐怖了，大衛的三位哥哥以利押、亞比拿達、沙瑪也在軍隊之中，同樣嚇得直打哆嗦。

有一天，耶西對大衛說：「你拿一伊法烘好的穗子，以及十個餅交給你哥哥，再拿十塊奶餅，送給千夫長，向哥哥們要一封信來。」家書抵萬金，人心都是相同的。

忠心的大衛先將羊群，託了人看管，來到了戰場，聽到歌利亞粗啞的吼聲，看到以色列人個個轉身逃跑，以色列人彼此說：「好可怕啊，誰要能殺他，掃羅王會賞賜厚財，把自己的女兒嫁給他，而且免除他一家納糧當差。」

大衛的看法，與眾人不一樣，他很憤怒地說道：「這個未受割禮的非利士人是什麼人，他怎有膽向永生神的軍隊罵陣呢？」

以色列人出生第八天，割掉陽皮，表示與上帝有約，一直到今天仍是如此，擁有無上的優越感。

大衛的大哥聽到了，忍不住開罵：「小鬼頭，你來幹什麼。你把羊交給了誰，我知道你驕傲又惡毒，你存心要來看好戲。」

也有旁人聽見了大衛的話，急急稟告掃羅，掃羅立刻接見，大衛第一句話就是：「不必因為歌利亞膽怯，僕人去迎戰。」

掃羅有些不忍道：「你太年輕。」捨不得大衛去送死，大衛昂聲道：「我經常和熊、和獅子搏鬥，從野獸口中救出羊，耶和華救我脫離獅子的口，也必救我脫離非利士人的手。」

掃羅把自己的戰衣為大衛穿上，又憐惜地把銅盔戴在他頭上，再披上鎧甲。結果，大衛走不了路，大衛把這些全脫下來，「我穿不慣。」只拿著杖，以及溪水中挑出來五塊光滑的石子，以及甩石的機弦，勇敢地面對巨人。

所謂甩石機弦，是用堅韌皮帶做成，一端繞緊手腕，一端抓在手中，石頭放在皮帶中，用力旋轉，將石頭甩出，投擲速度可達一百六十公里。

歌利亞叫罵四十天，沒有人敢來迎戰，心中得意洋洋，看到大衛，很是輕蔑，「你拿著杖來，我是一條狗嗎？你小子的肉將給空中飛鳥吃光。」

大衛一點不怕，他指著歌利亞：「你來攻擊我，不過靠著刀槍銅戟，我來攻擊你，靠著萬軍耶和華的名。」說著，「咻」的一聲，石頭甩出，擊中歌利亞的額頭，全身沒有防備的地方，又快又狠又準，巨人就應聲而倒。大衛大踏步向前，把歌利亞的刀抽出來，殺了巨人，割下他的腦袋。

是的，爭戰的勝敗在於耶和華。

16. 君王的心鎖

漢高祖劉邦曾經說過：「率領百萬大軍，戰必勝，攻必克的本領，我可比不上韓信。」

然而，漢高祖最怕的人是韓信，韓信最怕的人是漢高祖，這是人性的微妙之處。

當大衛英勇地打敗了巨人歌利亞，掃羅王一則以喜，一則以憂，一種不祥的感覺漫遍全身。

掃羅問元帥押尼珥說：「那個少年人是誰家的兒子？」

押尼珥搖搖頭說：「我在王面前起誓，我真的不知道。」

「那麼，你就派人去打聽看看。」

等到大衛拎著歌利亞的人頭來見掃羅。掃羅問他：「少年人啊，你是誰的兒子？」

大衛說：「我是你僕人，伯利恆人耶西的兒子。」

咦，大衛不是為掃羅彈琴驅魔的嗎？掃羅怎麼一點印象都沒有。貴人多忘事，一點不奇怪。當時大衛只是個小人物，掃羅連正眼也沒有瞧過大衛。

這時候，掃羅的兒子約拿單看到大衛，他二人都是屬上帝的人，心靈契合，就像教會之中弟兄間的感情。約拿單欣賞大衛，雖然約拿單年齡較長，身分也高，他卻愛大衛如同愛自己的性命，大衛身上有一種說不出來的吸引力，一種純潔熱情的內涵，使得人人都想歸向他。

約拿單看大衛，愈看愈歡喜（並非同性戀），於是，從自己身上脫下外袍，又把戰衣、刀、弓、腰帶全給了他。

掃羅無論派大衛做任何事，他都辦得穩穩妥妥，掃羅就立了他作戰士長。

由於大衛打死了歌利亞，以色列人乘勝追擊，殺死更多非利士人，而且掠奪了非利士人的營地。因此當軍隊凱旋而歸之時，全國民眾歡聲雷動，簡直要把整個城翻了過來，婦女們尤其興奮，爭先恐後，想要一睹這位年輕英雄，大衛又是如此年輕俊美，婦女們個個著迷。

不知是誰，竟然編了一首歌謠：「掃羅殺死千千，大衛殺死萬萬。」到處傳唱，想那掃羅王原是英挺軒昂，比眾人都高出一個頭，又是美男子，女性崇拜的偶像，現在被一個牧羊人給比了下去，心中嘔得難過。

掃羅看到兒子約拿單的心被大衛擄獲，已經不是滋味，如今同胞愛戴的眼神也移了位，他嘆了一口氣，自言自語道：「現在，我只剩下王位沒有給他了。」

這就像是中國歷史上漢高祖劉邦，有一次與韓信聊天時，忽然冒出一句：「你看，我可以領多少兵馬？」

「我看，最多不超過十萬人。」韓信回答。

「那麼，你呢？」劉邦很好奇，韓信竟說：「多多益善。」

劉邦說：「那麼，你又為什麼做我的部下？」

韓信回答：「你雖然不會帶兵，卻會指揮將領。」

韓信這一番話，讓劉邦涼了背脊。因此，雖然韓信無心篡位，卻具有謀取王位的本錢，潛在的威脅感，為了自保，韓信最後死於非命。

從此，掃羅開始對大衛怒目而視，極為不友善。甚且有一回，大衛照常為掃羅彈琴，掃羅竟然掄起了槍矛，想把大衛穿透，釘在牆上，大衛機警地避開了。掃羅心中害怕大衛，因為懼怕，所有的君王都是把自己深鎖宮中。

掃羅決定把大衛調開，遠離他的視線範圍，同時，立大衛為千夫長。因為耶和華的靈與大衛同在，大衛到哪裡，無不展現領導長才，使得以色列人個個愛大衛，這又讓掃羅內心惴惴不安。

掃羅想出一條毒計，他對大衛說：「我準備將大女兒米拉給你當妻子，只要你肯為我奮勇殺敵。」

大衛自認門不當戶不對，他謙卑地說：「我是誰？我算什麼出身，我父親在以色列家中也非望族，有什麼資格當王的女婿。」

大衛雖然被膏抹，知道自己將成為以色列的王。但是，他心中以上帝為大，認清被揀選的君王，不過是上帝的僕人，必須摸著神的心意辦事，生命的主權在於上帝，人不是自己的主人。因此，他沒有太多的得失心，將一切榮耀歸於上帝。

掃羅剛好相反，內心有許多盤算，到了該迎娶之時，他竟把女兒給了米何拉人亞得列為妻，似乎是存心羞辱大衛，大衛也不以為忤。

大衛的風采與勇氣迷倒男男女女，掃羅的二女兒米甲就為大衛魂不守舍，視之為心目中的白馬王子，有人把這件事稟告掃羅，掃羅大為喜悅，他心想：「我剛好用這件事當一張魚網，把大衛給釣上來。」

於是，掃羅笑瞇瞇對大衛說：「你今天可以第二次當我的女婿。」掃羅又吩咐臣僕說：「你到處去放消息，就說掃羅喜悅大衛，大家都喜悅大衛，等著辦喜事吧。」

大衛仍然謙虛地說：「你們以為作王的女婿是小事一件嗎，我是貧窮卑微的。」

掃羅差了人對大衛說：「王不要什麼聘禮，只要一百個非利士人的陽皮。」他是存心讓大衛死在非利士人手中，割禮原是上帝與以色列人立約的方式，小男孩生下來第八天要受割禮，掃羅竟用這種褻瀆上帝的方式，想要借刀殺人。

然而，人算不如天算，耶和華的靈降在大衛身上，要五毛給一塊，大衛竟奉上二百個陽皮，足足多了一倍。果然，爭戰的勝敗全在乎耶和華，又再一次證明上帝的大能。

17. 勝利與幸福

勾踐打敗吳王夫差，主要是靠著范蠡。然而事成之後范蠡不知所往。有人說，他帶著西施隱居了，功高震主，這是千古不移的道理。

大衛遇到范蠡同樣的狀況。掃羅公開對他的兒子約拿單和臣僕們說：「我要殺掉大衛。」

約拿單十分不以為然，大衛是以色列的英雄，沒有人不為大衛的英勇所折服。約拿單同樣也是掃羅王孝順的兒子，他婉言對父親說：「父王啊，不可以無故的得罪你的僕人大衛，因為他未曾得罪過你，他所行的，都對國家、對你大大有益。你還記得他拚命殺非利士人，耶和華藉他的手，為以色列大大得勝，你當時不也心中歡喜嗎？現在為什麼無緣無故要殺害一個無辜之人？」

約拿單說的是事實，掃羅就指著耶和華起誓：「我一定不殺他。」

約拿單好高興，就把大衛找來，帶他去見掃羅，依然為掃羅彈琴驅魔。

不一會兒，非利士人大舉進犯，大衛出去，連戰皆捷，婦女們又開始高唱：「掃羅殺死千千，大衛殺死萬萬。」這一唱，又唱出掃羅的怒火。大衛回到宮中，照樣彈琴，掃羅手中拿起槍，想把大衛刺透，釘在牆上，大衛一向機警，一閃避開了。掃羅的槍就像人們玩擲靶，牢牢地刺入牆內，大衛的心，也深深地被刺透了。

當天夜晚，掃羅打發殺手，到大衛的門外，準備天一亮，就把大衛幹掉。大衛的妻子米甲，也是掃羅的二女兒，搖醒大衛：「快逃吧，你今天晚上若不逃命，明天你就會被殺。」米甲強烈地愛著自己的心上人，當然也捨不得離別，但是現在一切都顧不了。

於是米甲打開窗戶，將大衛縋了下去，急中生智，救了大衛的一命。

然後，米甲把家中的神像，放在床上，假裝是大衛，按理說，信奉上帝，應該不再拜偶像。但是，顯然受到迦南風俗的影響，米甲房中仍有神像，米甲把被子披蓋在神像上面，讓外面窺探的人以為，大衛睡得正香。

第二天清早，殺手進來，米甲託辭：「大衛病了。」

掃羅再打發一個人去，並且吩咐道：「把大衛連床一起抬進來，我好殺掉他。」

使者進去，這才發現，原來是個假的神像，神像的頭，放在羊毛裝的枕頭上面。

掃羅大發雷霆，他怒氣衝天指責米甲：「你說，你為什麼這樣欺哄我，你還是我的女兒啊，為什麼放我的仇敵走？」

掃羅似乎忘記了，大衛是他的女婿，他親愛的女兒的丈夫啊。

米甲明白父親的心理，找了一個理由搪塞過去：「我沒有辦法，大衛逼著我放他走，不然，他會殺掉我。」

大衛從窗戶上被縋下來，沒地方可去，逃到拉瑪，把掃羅對他做的事，一五一十說了一遍。撒母耳也只有搖頭嘆息，和大衛一起搬到了拿約。

有人通風報信，稟報了掃羅，掃羅打發人去捉拿大衛。奇怪的事情發生了，去的人到了那裡，突然受到耶和華的靈感動，整個人癱軟，口中說個不停。

原來是撒母耳派出的一群先知在旁守衛著。

有人把這件事告訴掃羅，掃羅說：「豈有此理。」第二批人，發生同樣的事情。

掃羅不死心，派出第三批人，竟然情況一模一樣。

掃羅這一次決定自己去，他走到了西沽的大井，問人家說：「撒母耳和大衛在哪裡呢。」

有人告訴掃羅：「就在拉瑪的拿約。」

「好，我就自己去拿約。」掃羅掄著槍走向拿約，這時候，耶和華的靈，竟然也感動掃羅，掃羅一面走，一面受感說話，一直走到拉瑪的拿約，他就乾脆赤身露體，躺在地上，一晝一夜說個不停。

大衛從拉瑪的拿約跑來，找到約拿單，悲傷地說：「我到底做了什麼，有什麼罪孽呢？你父親為什麼非要我的命不可？」

約拿單安慰大衛：「沒有的事，你一定不會死，我父親的事。不論大大小小，沒有不叫我知道的，怎麼唯獨這事會隱瞞我？」

「啊，那是因為你父親知道我們倆要好，所以他不會說。我敢指著耶和華起誓，我離死亡，只有一步之遙了。」

約拿單說：「大衛，放心，我會救你。」

大衛很害怕，他相信約拿單，他更相信神，他在心中默默對耶和華神說：「神啊，求你保佑我，因為我投靠你，我將耶和華常擺在我的面前，因他在我右邊，我便不致搖動，因此我的心歡喜，我的靈快樂，我的肉身也要安然居住。」儘管外邊烽火圍繞，大衛靠著神，努力讓自己心中安定，大衛的詩，在聖經中占了極大的分量，多少人在其中得到安慰，每個人的敵人來自不同的地方，有現實的，也有靈界的。

掃羅是人生勝利組，他擁有名聲、財物，有可愛的兒子約拿單，有美麗的女兒米甲，有忠心的股肱大將大衛，但是他心中一點也不快樂，因為他無法放鬆，享受神賜的美好。

18. 一枝箭

「我兄約拿單啊，我為你悲傷，我甚喜悅你，你向我發的愛情非常，過於婦女的愛情。」大衛與約拿單的友情，是兩位真性情的男子漢，高貴而純真，相知又相惜。

約拿單熱切地為大衛說項，希望消除掃羅對大衛的敵意，大衛卻知道，他離死神只有一步之遙了。

大衛找約拿單幫忙：「明天是初一，我應當與王同席吃飯，我會藏在田野之中，你父親見我不在，你就說，大衛求我回伯利恆去，因為我全家在那兒獻祭，你父親若說好，那就沒事了。否則，你就知道，他決心要害我，我如果有罪，不如你自己殺掉我，何必把我交給你父親呢？」

「沒有的事，我如果知道我父親要害你，我怎會不告訴你呢？」說著，兩人走向田野。

約拿單雖然口上說，父親不會害大衛，心中卻也有著不祥的預感，彷彿與大衛要生離死別，他拉著大衛的手，彼此結盟。

約拿單懇切地說：「你要照耶和華的慈愛恩待我，不但在我活著的時候，就是在我死了以後，耶和華剪除你仇敵的時候，你也不可向我家絕了恩惠。」

他似乎看到了未來。

接著，他們設下暗號：「三天之後，我會向磐石射向三箭，如果，我對童子說，箭在後頭，把箭拿來，你就可以回到宮中，一切沒事。如果我對童子說，箭在前頭，你就要離開，因為那是耶和華打發你走了。」

說到這兒，兩人互望一眼，彼此有默契，有不捨，有似乎要來到的離情依依。

到了初一日，掃羅王坐席吃飯，見旁邊大衛的座位是空的，他想，大衛偶爾身體不舒服，沒說什麼。

到了第二天，大衛的椅子還是空的。

掃羅就開口了：「大衛為什麼昨天今天都沒有來吃飯呢？」

「噢，大衛切切求我，容許我往伯利恆去，他家長兄希望他去參加家中獻祭。」

掃羅立刻發飆：「你這個渾蛋，你是背逆的婦女所生的，我豈不知道，你喜悅大衛嗎？大衛如果活著，王位就沒有你的份了。他是該死的，你趕快打發人把他交還給我。」

約拿單不服氣，他問掃羅說：「他為什麼該死？他做了什麼事？」

掃羅氣急敗壞，掄起槍要刺約拿單。

約拿單氣忿忿從座位上站了起來，這餐飯也別吃了。

過了一天早上，約拿單到了田野，把箭射在童子前面，一連三次，然後把箭交給童子，要他帶回家去。

童子一走，大衛出來了，滿面淚痕，他俯伏在地，拜三拜，兩人親嘴，兩人痛哭，捨不得啊，沒道理啊。但是箭在前面，箭頭指向前方，後方是珍貴的友誼，是陽光耀眼，前方一片茫然，天下之大，竟無容身之處，大衛再次大哭一場。

約拿單泣不成聲，對大衛說：「我們兩人曾經指著耶和華的名為證，在你我之間，並你我後裔之間，直到永遠。事到如今，你平平安安的去吧。」

大衛與約拿單分手，約拿單繼續盡孝道，服事他那不講理的父親掃羅。

大衛呢？大衛孑然一身，什麼都沒有了，他要往何處去，他半點主意都沒有了，唯一擁有的，只有耶和華神的愛，他雙手交握，高聲祈禱：「神啊，救我！」

大衛信步來到祭司亞希米勒那兒，亞希米勒很驚奇地問他：「你怎麼一個人來？怎麼沒有人跟隨王的女婿呢？」

大衛回答：「王吩咐我辦一項任務，此事重大，不能輕易透露，不過王已派衛隊在附近接應我。」

亞希米勒是個單純的人，不疑有他，誠懇地詢問道：「有什麼我可以效勞之處呢？」

「現在你有什麼食物？求你給我五個餅，或是其他可吃的？」

「我沒有別的，只有聖餅。」

「那就聖餅吧。」

亞希米勒就給了大衛五個從耶和華面前，剛剛撤下來的五個餅。

「對不起。」大衛又問：「你手下有刀有槍沒有，因為王交辦的事情急迫，我都沒帶任何刀槍器械。」

亞希米勒說：「只有你當年殺歌利亞的刀在這兒，裹在布中間，除此以外，沒有別的。」

大衛連說：「好啊，好啊，沒有比這刀更好的。」

就在此時，大衛一眼瞥見多益，心嚇一驚，這多益是掃羅的司牧長，一定會立刻報告掃羅的。

大衛實在無路可逃，只好逃到非利士人迦特王亞吉那裡，他還巴望沒人認識他，不料，亞吉的臣僕一眼就認出大衛！「咦，這不是大衛嗎？不是婦女們唱歌指著他說，掃羅殺死千千，大衛殺死萬萬的大衛嗎？」

他們立刻惡狠狠地瞪著大衛，準備報仇。

大衛很快就發現了他們的敵意，也知道自己的危險，立刻假裝發瘋，在城門上胡亂寫畫一通，又使唾沫流在鬍子上，好像一個流浪漢，亞吉對臣僕說：「我這兒豈缺少瘋子，快趕走他。」大衛一個一個風險，就在耶和華的保護下過去，因此他寫道：「求神把我的眼淚裝在你的皮袋裡。」

19. 疼惜家人

父母難免不公平，這是人性。孩子心中嘀咕，這是人性。

大衛在家中是不得寵的，當撒母耳奉命到耶西家找王之時，耶西根本忘記，他的老八，這個最小的，在外面牧羊，可見得這孩子是不受重視的。

然而，當大衛逃到亞杜蘭洞，父母兄弟也跟了來，他顧全兩老的安全，就從那裡往摩押的米斯巴，請求摩押人：

「求求你們，容許我的母親父親搬來避難。」

摩押王答應了，大衛又親自帶著父母，來到摩押王那兒。大衛在山寨住多少日子，他的父母也在摩押王身邊待多久，他一方面是顧慮父母的安全，另一方面，住在摩押王旁邊，可比在山寨舒適得多，這就是愛，大衛是個標標準準的性情中人。

因為大衛這一份當仁不讓的特質，即便他現在是個落難公子，許多受到窘迫的、欠債的、心裡苦惱的都聚攏到大衛身邊取暖。他們需要領導、需要愛，也需要一個溫暖的家，大衛就當了他們的頭目，彷彿身為大家長。

這使人想起《水滸傳》中的宋江，宋江的確是有這號人物，但是在《宋史》之中，只有短短一百七十六個字的記載，當然也沒有一百零八條好漢。然而在作者施耐庵的筆下，宋江濟人貧苦，周人之急，扶人之困，人稱及時雨，這分人格特質，倒與大衛相似。

在亞杜蘭洞之前，大衛已經經歷了許多的苦難，他餓得向祭司亞希米勒討五個餅，害得亞希米勒後來全家被殺。他逃到迦特王亞吉那兒，馬上有人認出這張俊臉，豈不是婦女們的偶像嗎，逼得大衛大大裝瘋賣傻，在城門上胡寫亂畫，使唾沫流在鬍子上，亞吉王大怒：「我這兒豈缺少瘋子嗎？」把他趕了出去。

即使在重重危機之中，大衛仍然為以色列效力，有人告訴大衛說：「非利士人攻擊基伊拉，搶奪禾場的農作物。」大衛找祭司求問耶和華：「我去攻打基伊拉，可以不可以？」

耶和華說：「你可以去。」

跟隨大衛的人嚇壞了，紛紛嚷著：「我們在這兒，尚且懼怕，何況去打非利士人呢？」

大衛再問耶和華，得到同樣的答案，他就率兵出征，大大贏了，解了基伊拉之圍。有人告訴掃羅，大衛到了基伊拉，掃羅興奮不已：「這是有門有閂的城，這一回，一定活捉大衛。」

大衛又向耶和華禱告：「基伊拉人會不會把我交給掃羅？」答案很令人傷心，耶和華說：「必把你交出來。」真是忘恩負義的基伊拉人，這也是人性。

大衛逃出基伊拉之後，倒是喜出望外，在樹林裡遇到了掃羅的兒子，一直支持他的約拿單，哥兒們緊緊擁抱。

約拿單彷彿上帝派來的天使，誠懇地對大衛說：「不怕，不怕，倚靠神，我父親一定害不到你，你一定會當上以色列的國王，我也要當你的宰相。」約拿單非等閒之人，他是一流的弓箭手，有品有德，深受百姓愛戴，但是，他欣賞大衛，願意屈就大衛，兩位道道地地的男子漢。

掃羅還在生氣，每天拿著長槍戳地，埋怨臣子：「耶西的兒子能將田地與葡萄園賜給你們嗎？能立你們當千夫長百夫長嗎？我兒子挑唆臣子謀害我，也沒人告訴我。我聽說他很狡猾，你們要打聽清楚，我一定要自千門萬戶中把他找出來。」

於是兩人開始躲摸摸，有人告訴掃羅，大衛在瑪雲的曠野，他就趕去。中間非利士人犯境，掃羅回去處理，然後又親自展開追殺任務。

有一天，某人通報，大衛在隱基底出沒，掃羅立刻點兵三千，準備布下天羅地網，非把大衛手到擒來，到了路旁的羊圈，掃羅突然肚子疼痛，原來是要大解了。他看到旁邊有一個洞，就鑽了進去，脫下褲子，蹲在那兒……

豈料，大衛正在洞裡面，看得一清二楚，旁邊的人對大衛說：「耶和華曾經應許你，要將你的仇敵交在你手裡，現在是時候了。」

再沒有比這個更恰當的時機了，大衛卻拿起手中的刀，悄悄地割下掃羅的外袍衣襟，他自言自語：「掃羅是我的主，是耶和華的受膏者，我萬萬不敢害他。」大衛也阻止了其他想趁機幹掉掃羅的夥伴們。

隨後，大衛跟在掃羅後面出來，伏身下拜，感慨萬千地說：「你為什麼聽信小人的讒言，認為我要害你？現在你親眼看見我在洞裡，你瞧，我手中有一片你的衣襟，你要我的命，我卻不願得罪你，我絕不親手加害你，願耶和華在你我之間判斷是非。」

掃羅看到衣襟，傻了，方才大衛大可輕而易舉拿他的命，他忍不住良心發現，放聲大哭：「你以善待我，我以惡待你，一個人若遇見仇敵，豈可輕易放他平安無事。大衛，其實，我也知道你必作以色列的國王，希望你起誓，不剪除我的後裔。」

大衛在詩篇之中，向神傾心吐意：「耶和華啊，求你救我，因為你打了我一切仇敵的腮骨，敲碎了惡人的牙齒。」

事到臨頭，大衛卻只割下一小片衣襟，這是他的厚道，他的敬畏耶和華神。另外，大衛還是掃羅的女婿啊，一家人本該彼此疼惜。

20. 巧妻

中國人有一句話「巧妻常伴拙夫眠」，聖經中就有這麼一位很特別的巧妻——亞比該。（意思是：我父親是喜樂。）她的丈夫名叫拿八（意思是愚昧頑固）。

先說時代背景，當時撒母耳死了，以色列人哀哭，大衛尤其難過，失去一位良師益友。儘管大衛放過掃羅一馬，掃羅卻非置大衛於死地，此無他，因為大衛敬畏耶和華。掃羅是耶和華的受膏者，「我萬萬不可伸手害他。」於是，掃羅一路追奔，大衛苦苦逃難。這一會兒，逃到了迦密。

拿八的家在瑪雲，他的事業在瑪雲北方一公里半的地方，就是迦密。他可是當地的大富豪，擁有三千綿羊，一千山羊。由於大衛一批人馬在附近，盜匪不敢出沒，拿八等於免費請了保全公司。

大衛是性情中人，夠義氣，哥兒們願意跟隨他。然而，巧婦難為無米之炊，底下那麼多人等著吃飯，他變不出六百份糧食，於是，想請拿八幫幫忙，畢竟，拿八也平白得到不少好處，大衛派了十位僕人去見拿八。

拿八正在迦密剪羊毛，五月六月是剪羊毛的好時光，羊毛自古到今，都是貴重的東西，尤其是純白的好羊毛。

僕人見到拿八，照著大衛所吩咐的，非常恭敬的說：「願你一切平安。」並且提醒拿八，大衛人馬對他的貢獻，最後，卑微地說：「今天是個好日子，求你隨手賜一點給僕人，以及你的兒子大衛。」瞧瞧真是求人難，堂堂大衛竟然自貶為拿八的兒子。

不料，拿八一聲大吼：「不要再講下去了，大衛是誰？耶西的兒子是誰？我不認得，近來背叛主人、奔逃的僕人甚多，我豈可拿食物，給我不知道哪裡來的人吃呢？」

僕人們摸摸鼻子，尷尬地回報大衛，一向好性情的大衛動怒了，況且也確實沒有糧食了，於是下令：「帶上刀，我們出發。」約有四百名跟隨。大衛恨恨地說：「我在曠野為拿八所做的，實在是白做了。他以惡報善，凡是拿八家的男丁，如果還存留一個，願神重重的處罰我。」

這個緊急的當頭，拿八的一位僕人，把事情的原委，報告了亞比該。亞比該不假思索，立刻命令下人備妥禮物，她也騎著驢子，前往大衛的營地。她並沒有告訴拿八。

由於拿八是個富戶，亞比該出手的餽贈也闊綽，共有二百餅、兩皮袋酒、五隻收拾好了的羊、五細亞烘好的穗子、一百葡萄餅、二百無花果餅，馱在驢上頭，以當時的標準看來，可是豪華大餐。

大麥餅是當時的主食，粗黑堅實，內放乳酪或橄欖，營養豐富、飽腹耐嚼，屬於現代人的健康食品。

所謂收拾好了的羊，就是殺好，剝皮，如超市般處理過的羊肉，馬上可以現烤現吃，顯現了女主人的仔細。

烘好的穗子是隨時隨地可吃的主食或零食，路得拾的穗是生穗，必須烘烤過才芳香可食，在這兒又看到亞比該的周到。

葡萄餅與無花果餅，該是最受歡迎的甜點，不在話下。

亞比該騎在驢上，打著腹稿，她要如何解大衛之怒，成為和平使者。她腦中快速地思索著，即席演講要考驗智慧，不容易啊。

兩隊人馬，正好在路上相遇。亞比該立刻下驢，講了一篇言簡意賅，卻又扣人心弦的一段話，字字敲動大衛的心，卻也是聖經之中所有女性，記載之中最長的一段話：

亞比該恭恭敬敬，臉伏於地，叩拜大衛，在大衛的腳前，用誠懇的、柔婉的語氣說：「我主啊，願這罪歸於我，求你容婢女向你進言，求你聽婢女的話。我主啊，不要理拿八，他是個壞人，拿八是愚頑的意思，他是不折不扣的拿八。」

大衛看見豐盛的禮物，又聽到楚楚動人，口才伶俐的亞比該的開場白，他的心馬上軟了下來，畢竟大衛是標準的性情中人。

表面上看來，亞比該背著丈夫，帶著糧食來向敵人勞軍，實在有違婦道。其實，拿八再壞，到底是亞比該的丈夫，她是要救拿八，救拿八家一切男丁。

亞比該接著說：「我主啊，耶和華既然阻止你親手報仇，取流血的罪，（顯然亞比該很清楚，大衛饒過掃羅的經過。）求你饒恕婢女的罪過，耶和華必為我主建立堅固的家，因為主人啊，你為耶和華爭戰，並且在你平生的日子，查不出有什麼過錯來。雖然有人起來追逼你，尋索你的性命，你卻被耶和華保護，如同用一塊絨布，包裹保護神的器皿一般。」聽到這兒，大衛有如得一知己。

亞比該又安慰、鼓勵著大衛：「你仇敵的性命，必被耶和華拋來拋去，如同機弦甩石一般（亞比該這是引用大衛用石頭擊敗歌利亞的光榮歷史。）我主啊，你現在若不要親手報仇，流無辜人的血，那麼到了時候，我主當了以色列的國王，一定不會良心不安，那個時候，請主紀念婢女的一番至誠之言。」

大衛的感覺是，耶和華派了一位天使來，他大聲說：「以色列的神是應當稱頌的，因為你攔阻了我親手報仇。若不是你來，明日清晨，拿八家的男丁絕對不剩下一個，你的見識、你的洞察值得欽佩。」

當然，大衛的納諫也值得尊敬。

21. 一面鏡子

唐太宗是中國歷史上最偉大的君主，他的度量寬廣，願意接受臣子的建言，被譽為千古美談。人總是人，脾氣再好，仍然有被冒犯觸怒的時候。

有一天，下了朝，唐太宗怒髮沖冠，對長孫皇后說：「你看著吧，我非殺了那個鄉巴佬不成。」

「陛下指的是誰？」

「還不是魏徵。」

魏徵的確管唐太宗管得很嚴，唐太宗曾經得到一隻名貴小鷹，正在把玩，魏徵看到了，故意跑來，說個沒完，害得太宗藏在衣袖中的小鷹悶死了。但是他又認為魏徵「嫵媚」敢於直言。

長孫皇后一言不發，默默挽上大禮服，直挺挺站在台階之上。唐太宗好生奇怪，問道：「你這是幹什麼。」

「妾聞主明臣直，為陛下英明而賀。」

唐太宗哈哈大笑，長孫皇后順利解圍。

亞比該帶來豐盛的勞軍美食，眾人分享，吃個痛快淋漓，她三言兩語阻止了一場戰爭，每個人都稱讚亞比該的賢慧。

可惜亞比該的先生拿八，意思是愚鈍，果然呆如魚丸，完全不知道欣賞妻子的長處。

亞比該辦完了事，回到家，只見拿八在大擺筵席，如同國宴的等級，開心狂妄的大叫大嚷，喝得酩酊大醉，東歪西倒。第二天早上酒醒了，亞比該才把見大衛的經過告訴呆頭魚丸。

這一下子，拿八忽然想起，大衛不是那打敗歌利亞的英雄嗎？他如此羞辱對自己有恩的大衛，慘了！拿八立刻呆若木雞，彷彿變為一個石頭人，過了十天，耶和華就讓他死掉了。

消息傳到大衛耳朵中，他大大頌讚耶和華：「感謝主，伸了我的冤，又阻止了僕人行惡。」當然，他大大感恩天使亞比該，想一想亞比該現在的處境，大衛又愛又憐，又敬又不捨，若非亞比該，大衛成了要收保護費的霸主。

於是，大衛打發人去找亞比該，表示要娶她為妻，亞比該俯伏在地，卑微地說：「我情願當個婢女，洗我主人僕人的腳。」於是，帶著五個使女與家當，十分大器的當新娘子，大衛人財兩得。在聖經之中，無論新舊約，都強調婦女守貞，但在丈夫死後再嫁，卻是被允許的，並沒有婦女從一而終的觀念。

另外一方面，掃羅從來、從來沒有放過大衛。他聽人說，大衛藏在哈基拉山，他就帶著三千人馬，抓拿欽命要犯，國君自己領軍。又因為很害怕，晚上睡在輜重營中，押尼耳大將一旁護守，外面層層百姓圍繞。

大衛深知，攻擊是最好的防衛，決定主動出擊。他問：「誰敢與我半夜摸營？」亞比篩舉手：「我去。」

上帝又介入了，他讓所有百姓與守將沉沉睡去，一片打呼聲，大衛二人如入無人之地，掃羅也睡得正香，大肚皮一上一下地起伏著。

大家都知道，大衛無論如何，不肯親手加害掃羅。亞比篩一拍胸脯對大衛說：「太好了，現在神把仇敵交在你手中，看我一槍把他刺透。」

不料，大衛也不准亞比篩動刀：「不許亂來，除非掃羅被耶和華擊打，或是他死期已到，或是戰亡沙場，我，大衛，絕對不敢伸手害耶和華的受膏者。」

亞比篩不以為然，卻也只有聽命。

「現在，你拿著掃羅的槍與水瓶，我們就走。」大衛直搗黃龍，就這麼只帶走了紀念品，掃羅三千人馬仍在呼呼大睡之中。

到了第二天，大衛站在山頭，遠遠地呼喊：「押尼珥！押尼珥！」

押尼珥不耐煩地回答：「你是誰，豈可以隨便亂喊？」

大衛指責押尼珥：「咦，你不是個勇士嗎？以色列人之中誰可以與你相比？你是怎麼保護你的主你的王呢？我指著耶和華起誓，你們都是該死的。」

好一個大衛漢子，竟然斥責掃羅手下無能，他對掃羅始終存著敬意，帶著感情。

掃羅也聽出大衛的聲音，他問：「我兒，大衛，是你嗎？」

大衛悲從中來：「你看看你身邊的槍與水瓶，就在我手上，我到底做了什麼事惹你發怒？為什麼你好像出來想找一個跳蚤或是野鳥一般呢？」

掃羅說：「我有罪了，我的兒啊，大衛，你可以回來。你看看，你這麼樣珍惜我的生命，我是糊塗人，我不會再害你，我是大錯特錯了。」

大衛明白，他要是回去，準是死路一條，因此他說：「王的槍在我這裡，王可以打發一個僕人過來拿。我今天看重你的性命，願耶和華也看重我的性命，並且拯救我脫離一切患難。」

掃羅仍然假惺惺道：「我兒大衛啊，願你得福，你必做大事，也必得勝利。」

在魏徵過世出殯之時，唐太宗有感而發，「以銅為鏡，可以正衣冠，以史為鏡，可以知興替，以人為鏡，可以明得失。」唐太宗與大衛一般，家有賢妻，說話得體，溫柔婉轉，是慈愛的調停天使，讓憤怒的丈夫猛然清醒，卻保持了丈夫的尊嚴，高啊！多漂亮的一面明鏡。

22. 給上帝的信

大衛這個名字，不知道多少外國人沿用，就是中國人蘇大衛、閻大衛屢見不鮮，此無他，大衛是聖經中的信心英雄，也是歷代藝術家素描中的美男子。

然而，在聖經〈撒母耳記上〉第二十七章，一開頭，「大衛心裡說，必有一日，我死在掃羅手裡，不如逃奔到非利士地去。」

大衛的信心到哪裡去了？在患難之中，他呼叫上帝，就如同一個遭海難的人漂流於波浪翻騰的大海，他聲嘶力竭，高喊救命，何況，大衛還是船長，六百多人（還沒有計算老弱婦孺）嗷嗷待哺。他走投無路，只好逃到敵人非利士人那裡，也許，掃羅就不再追殺他了。

於是，大衛投奔迦特王亞吉，亞吉將洗革拉這塊地賜給大衛，大衛又幫亞吉立下汗馬功勞，卻也引起非利士人的疑忌與嫉妒，紛紛酸溜溜地說：「這不是婦女高喊掃羅殺死千千，大衛殺死萬萬的大衛嗎？不是打敗我們巨人歌利亞的大衛嗎？」

亞吉王只好打發大衛離開：「因為首領都不喜歡你。」

這段期間的大衛，只可以用一個字來形容：「慘」。

苦難之中，大衛會寫詩，寄信給上帝，這就成為聖經詩歌之中的精華，也成為你我在有苦難言之時，幫助我們抒發心中的吶喊。

非常有趣的地方是，怨天尤人似乎不是做人的美德，然而慈愛的天父，如同人間的父母，容忍孩子們的抱怨。

且看大衛的怨言：

「耶和華啊，你為什麼站在遠處？在患難的時候，為什麼隱藏？」

「耶和華啊，你忘記我要到幾時呢？要到永遠嗎？你掩面不顧我要到幾時呢？我終日愁苦要到幾時呢？我的仇敵升高壓制我，要到幾時呢？」

「我的神，我的神，為什麼離棄我，為什麼遠離不救我，不聽我唉哼的言語？」

雖然是抱怨，大衛心中是有神的，抱怨當然是有對象，沒有人對空氣抱怨，中國人相信老天爺存在，也才會埋怨上天不公平，不是嗎？

大衛也是會咒罵敵人，發洩怒氣的；請看：

「他們磨石如刀，發出苦毒的言語，好像比準了的箭。」

「願你打斷惡人的膀臂，至於壞人，願你追究他的惡，直到淨盡。」

「他埋伏在暗地，如獅子蹲在洞中，無依無靠的人，就倒在他爪牙之下。」

「他滿口是咒罵、詭詐、欺壓，舌底是毒害奸惡。」

「他們圍困了我們的腳步，他們用口說驕傲的話。」

「有許多公牛圍繞我，他們向我張口，好像抓撕吼叫的獅子。」

「我如水被倒了出來，我的骨頭都脫了節，我心在我裡面，如蠟熔化。」

「我的精力枯乾，如同瓦片，我的舌頭貼在我牙床上，你將我安置在死地的塵土中。」

「但神要射他們，他們必然絆跌，被自己的舌頭所害，凡看見他們的，必都搖頭。」

「願那些對我說，啊哈啊哈的，因羞愧而敗亡。」

有意思的是，大衛的話說得狠，但是心中柔軟如棉花。他有兩次機會，可以輕易殺掉掃羅，卻又輕輕放過，寧可忍受進逼，前後長達十三年之久，可見大衛的人格高貴，品性超人一等。許多話，不可輕易對人開口，他彷彿一個小男孩，躺在父親的懷裡，傾心吐意，訴說敵人的可惡，倒出心中的委屈。

當然，大衛的詩歌之中，最重要的是求救。

「耶和華啊，求你起來，求你舉手，不要忘記困苦人。」
「求你顯出你奇妙的慈愛來，用右手拯救投靠你的。」
「求你保護我，如同保護眼中的瞳仁，將我隱藏在你翅膀的蔭下。」
「耶和華啊，求你起來，前去迎敵，將他打倒。」
「我的救主啊，請你快來幫助我。」
「求你看顧我的困苦、我的艱難，赦免我的一切罪。」
「求你保護我的性命，因為我投靠你。」

當大衛哀哀苦求之時，他的信心被點燃，他知道，如果馬上實現，那不是信心，信心是要熬過漫漫長夜的。

最重要的，每一封信，每一首詩歌，它的結尾，一定是頌揚耶和華的。

「我若不信在活人之地得見耶和華的恩惠，就早已喪膽了。」

「要等候耶和華，當壯膽，堅固你的心，我再說，要等候耶和華。」

因此，不久，大衛及眾人妻小被亞瑪力人擄去，他的同伴放聲大哭，哭到沒有力氣，大衛卻立刻反攻勝利，聖經說：「大衛都依靠耶和華他的神，心裡堅固。」

大衛寫信，上帝收到嗎？當然神知道我們每一個人的心思意念，因此人人可寫信給上帝，或是朗讀大衛的詩，得到上天祝福。

23. 出現巫婆

掃羅以怨報德，非置大衛於死地。大衛屢次放掃羅一馬，以德報怨。這一切耶和華神都不管嗎？非也，正如中國人所說的「不是不報，時候未到」。

好，現在時候到了，非利士人大軍壓境，滿山遍野都是戰車，武器精良，掃羅心中怕得發抖，眼前一片黑暗。他想要求問耶和華，然而，挪伯城所有祭司都被他殺光了，唯一的祭司亞比亞他逃難到了大衛身邊。

掃羅走來走去，徬徨無依，突然之間，靈機一動，不如找一個巫師來問一問。

上帝的律法，絕對禁止任何巫術。摩西在〈申命記〉中說「召鬼問卜的男女都必須處死」、「用石頭打死」。有這麼嚴重嗎？是的，任何古今中外的算命、招魂，如果不是信口開河的亂扯一通，那麼其中必有魔鬼邪靈的介入，對通靈者與找他幫忙的人都有危險。中國人也有一句話說「算命，算命，愈算命愈薄」可見得，上帝的律法，其實都是出於一片保護之心。

曾有一對夫妻蜜月之時，基於好奇，前往算命，結果大仙鐵口直斷「先生有雙妻命」，完了，從此家無寧日，直到多年以後，夫妻信了基督教，讀了聖經，恢復濃情蜜意。

回到掃羅，他走投無路，腦袋發昏，竟然下命令：「快，幫我找一位能交鬼的巫婆。」

有一位臣僕回答：「我知道，在隱多珥有一位巫婆，靈得很。」

掃羅二話不說，改裝易服，帶著兩個心腹，半夜出發，前往隱多珥這個不起眼的小村莊。掃羅對巫婆說：「請你用招魂術，為我招一個死人來。」

「不行啊。」巫婆搖搖頭：「你不曉得嗎？掃羅王規定，國內不容許有交鬼和行巫術的人。」「你是誰？為什麼要陷害我。」

掃羅連忙起誓：「我指著耶和華起誓，你一定不會因此受罰。」這事太好笑了，掃羅竟然違背上帝的命令，然後指著上帝起誓，可見他心中只有自己的王位，沒有聽上帝的話。

巫婆說：「好吧，你要我為你招誰的魂。」

「撒母耳的魂。」

這時，巫婆突然之間，看清了掃羅的面貌，大呼一聲：「你，你就是掃羅，為什麼騙我。」

掃羅說：「別怕，趕快告訴我，你看見了什麼？」

「我看見一位神明從地裡上來了。」

「喔，他長得什麼樣子？」

「一位年長的老人，身上穿著長袍。」

一聽這話，掃羅立刻臉面伏地，恭敬地下拜。

果然，長者是撒母耳，他斥責掃羅：「你為什麼攪擾我，招我上來，害我不寧靜。」

「因為，因為我又窘又急，非利士人攻擊我，神也離開我。」掃羅哽咽得快要哭出來了：「因此不得已，招你上來。」

撒母耳嚴肅地說：「神已經把國交給大衛，因為你沒有滅絕亞瑪力人。明天，你和你的兒子就和我在一起了。」

亞瑪力人淫亂，殺子獻祭，上帝忍耐他們四百年了，上帝的作為一定有祂的道理，因為神是慈愛的，也是公義的。

掃羅一聽到答案，身體僵硬，「咚」的一聲，倒在地上，不能動彈，好像犯人在法庭裡，聽到宣判死刑。他不言不語，不吃不喝，整整一天六神無主。

巫婆倒是個善心人，她安慰掃羅「婢女不顧自己性命，為你招來撒母耳，現在求你也聽我的話，吃一點東西」。巫婆宰了肥牛，又烤了餅，掃羅勉強吃了幾口，彷彿在食用最後的晚餐，毫無胃口。

第二天終於到了，掃羅懷著死刑犯預備伏法的心態出發，一臉沮喪，部下們個個也垮著臉，三兩下兵敗山倒。這一回，非利士人目標鎖定掃羅，掃羅人高馬大，比眾人高出一個頭，銅盔上有冠冕的標幟，手臂上閃耀皇家的鐲子，太容易識別，一下子，就被弓箭手射傷。

掃羅畢竟是一國之君，他對衛士說：「快，拿出刀來，把我一刀刺死，免得我被那些未受割禮的人凌辱。」

衛士怕死了，掃羅王一向威風赫赫，他不敢。

「快啊，」掃羅發急了，自己伏在刀尖，死了。

衛士也學著掃羅的方式，讓刀尖直刺心臟。

在這一場戰役之中，掃羅三個兒子，約拿單、亞比拿達、麥基舒亞也都死在基利波山上。

非利士人見到掃羅已死，大喜過望，割下他的腦袋，剝下他的軍裝，拿掃羅的腦袋遊街示眾，軍裝放在亞斯他錄的廟中獻給神。然後，更把他的屍體釘在伯珊的城牆上面，這是曝屍，讓屍體發臭，生蛆，慘不忍睹。

基列雅比的居民聽見消息，他們以前曾經受過掃羅的好處。因此，差派了勇士，將掃羅及他三個兒子的屍身取下來，帶回雅比，用火焚燒，並且將他們的骸骨葬在雅比的垂綠柳樹之下。

掃羅做王四十年，上帝給了他一手好牌，他卻打成了爛牌。他的兒子約拿單愛他，他不知道，大衛愛他，對他忠心耿耿，他卻以殺大衛為畢生任務，可惜了。當然，最大的敗筆是他不聽上帝的話，心中充滿不安、嫉妒、憤怒、害怕、兇殺、陰謀，掃羅的心離開了上帝，他的安全感土崩瓦解。

24. 愛上仇敵

聖經裡有一段話，是人們耳熟能詳的，也是不容易做到的，那就是耶穌所說，論愛仇敵：

「你們聽見有話說：『以眼還眼，以牙還牙。』只是我告訴你們，不要與惡人作對，有人打你的右臉，連左臉也轉過來由他打。有人想要告你，要拿你的裡衣，連外衣也由他拿去。有人強逼你走一里路，你就同他走二里，有求你的就給他，有向你借貸的，不可推辭，你們聽見有話說：『當愛你的鄰舍，恨你的仇敵。』只是我告訴你們，要愛你們的仇敵，為那逼迫你們的禱告。」

此事甚難，因此印度國父甘地曾言：「如果你們基督徒能夠做到聖經所講的，我就信基督教。」當然，甘地後來沒有成為基督徒，可惜甘地沒有遇到許多可愛的真正基督徒。

相形之下，舊約與新約似乎大不相同，翻開舊約，人們最喜歡的詩篇，裡面充滿了「神要打破祂仇敵的頭，祢使他們安在滑地……願他的兒女成為孤兒，願他的兒女漂流討飯。」字裡行間，全是憤怒憎恨。

然而，大衛言行不一。他在十三年被掃羅追逼的當頭，宣洩天怒人怨乃人之常情，上帝的度量很大，許多禱告一開頭就是「神啊，你要將我忘掉多久。」神也不介意。

看過中國京劇的觀眾，會對「報子」印象深刻。他們多半是小丑扮演，手拿小旗，一路高喊「報報報」，報告軍情。

掃羅死了兩三天之後，就有一個報子，從掃羅營中飛奔而來。他撕裂了衣服，頭髮臉上灑滿灰塵，臉色發白，跪在大衛的腳跟前面，伏地叩拜。

大衛問他說：「你從哪裡來的？」

「我從以色列的營地逃了出來。」

「快告訴我，現在的情況如何？」大衛一著急，連聲調都變了。

報子說：「百姓從陣上逃跑，有許多人仆倒死亡，連掃羅和他兒子約拿單也死了。」

有這種事？大衛緊緊追問，報子神氣的一抬頭：「我呢，偶然到了，看到掃羅伏在自己的槍上，戰車馬兵盯牢掃羅，掃羅回頭看見我，知道自己準死不疑，就請我為他補上一刀，我把他的頭上的冠冕，臂上的鐲子拿到我主這兒來。」說罷，報子的頭微微昂首，滿臉笑容，心中盤算著，這一會兒，不曉得可以得到多少厚賞，眼睛笑得只剩一條線了。

不料，大衛的反應竟然是嚎啕大哭，聲震屋瓦，並且禁食到晚上。其他的人，看著奇怪，但也照樣跟著主子的樣式做，也沒有人敢吃任何東西。

大衛的淚水流光之後，愣在一旁，覺得好生奇怪的報子被叫了過來：「你是哪裡人？」

「我是亞瑪力人的兒子。」

「你親手殺害耶和華的受膏者，怎麼不畏懼呢？」大衛心想，我還只敢刺破掃羅的衣服啊。接著，這個報子被判了死刑，大衛說：「這是你自己親口作的見證」，這個報子想趁機撈一筆意外之財，不料丟了腦袋。

掃羅的去世，驅散了大衛頭上的一朵烏雲，但是，此刻大衛只想到掃羅是耶和華的受膏者；是提拔他的長官；是他的老丈人；更是他摯友約拿單的父親。因此，他寫了一首弓歌，音調悽惻婉轉。

這一首弓歌傳揚古今，成為喪禮之中典型的輓歌，內容是這樣的：「以色列啊，你尊榮者在山上被殺，大英雄何竟死亡。不要在亞實基倫街上傳揚，免得非利士的女子歡樂，免得未受割禮之人的女子矜誇，基利波山哪，願你那裡沒有雨露，願你的田地無土產可作供物，因為英雄的盾牌在那裡被污丟棄，掃羅的盾牌彷彿未曾抹油，約拿單的弓箭非流敵人的血不退縮，掃羅的刀劍非剖勇士的油不收回，掃羅和約拿單，活時相悅相愛，死時也不分離，他們比鷹更快，比獅子還強。以色列的女子啊，當為掃羅哭號，他曾使你們穿朱紅色的美衣，使你們的衣服有黃金的裝飾，英雄何竟在陣上仆倒。」可見得，大衛的心有多痛，他愛仇敵。

掃羅的確曾經是英雄，聯合以色列十二支派成為一個國家，也使以色列歷史自士師時代進入了君王時代，但是當掃羅殺死千千，大衛殺死萬萬之時，他心中的妒意，成為邪靈的溫床。他明明曉得大衛對他的忠心，三番兩次放他一馬，然而，掃羅依舊不放心，這個不放心成為他一生的苦果，蓋掉了原該有的甜蜜與幸福，他的得失心太強了。

最最讓大衛傷心的是，約拿單何竟在山上被殺，「我兄約拿單啊，我為你悲傷，我甚喜悅你，你向我發的愛情奇妙非常，過於婦女的愛情，英雄何竟仆倒，戰具何竟滅沒。」

請不要誤會，他二人絕非同性戀，而是惺惺相惜，英雄識英雄。約拿單是掃羅的兒子，他相貌軒昂，敬愛上帝，第一次出現，就單槍匹馬直入非利士人境內，有為有守，溫柔敏感，足具君王之相。

掃羅永遠不明白，約拿單為何胳臂往外彎，平白便宜大衛。約拿單卻順服上帝的選擇，由衷敬愛大衛，他幫助大衛逃離父親的魔掌，卻也忠心耿耿死守父親身旁，對上帝忠忱，對父親孝順，對朋友友愛，對自己無愧，完美的約拿單。

25. 比武鬥狠

掃羅死了，這下子總該由大衛當王了吧。且慢，還沒有，前面仍有許多阻撓，此乃古今中外歷代創業帝王不可免的挑戰，其間沒有捷徑，無法躲閃。

大衛比一般君王幸運的地方，是他可以求問上帝：「我可以上猶大的一個城去嗎？」

耶和華回答：「可以。」

「上哪一個城去呢？」

「上希伯崙去。」

於是，大衛就帶著他的兩個妻子，一個是耶斯列人亞希暖，一個是作過迦密人拿八的妻子的亞比該都上希伯崙去了，當然還有跟隨大衛的人，以及他們的眷屬。猶大人就在此，第二次膏大衛為王，但是，這僅是猶大人，並不是以色列十二支派的集體動作。

這時，大衛做了一件頂好的事，他獎勵安葬掃羅的基列雅比人，非利士人把掃羅和他三個兒子的屍體，牢牢釘在伯珊的城牆上面，又將掃羅的軍裝剝下來，放在亞斯他錄的廟裡，真是羞辱到了極點。

基列雅比人也是為了報恩，當初亞捫人的王拿轄，竟然威脅要挖出他們每個人的右眼，眾人集體大哭，掃羅伸手救了他們。以恩報恩是容易的，大衛以德報怨，這才是恢宏氣量。

這個當頭，掃羅的兒子伊施波設，被大將軍押尼珥帶過河，擁之為王。這有點像曹操挾持漢獻帝，挾天子以令諸侯，以法蓮人、便雅憫人、耶斯列人全都服他。

有一天，押尼珥遇到了洗魯雅的兒子約押。洗魯雅是何許人，她是大衛的姐姐，生有三個兒子，三子全是大衛身邊的紅人。

在基遍池旁，押尼珥一群人在一塊，約押的手下在另一邊。

押尼珥突然之間，一時興起，就對約押說：「來，讓這些少年人起來，在我們面前戲耍一番吧。」

閒著也是閒的，雙方各挑出十二名精壯的小夥子，雙方撲了過去。請注意，這不像是羅馬帝國將奴隸送入競技場上，博貴族們一樂，他們是真的比武打鬥，玩真的。雙方揪緊對方的頭髮，彼此用刀刺肋骨，地下流著一灘灘鮮血，像是我們參觀野生動物園，獅子老虎彼此撕殺後的痕跡。由於這場比武太過兇猛，因此基遍又名為希利甲哈素林。算算戰果，應該是押尼珥這一邊，敗在大衛手下。

少年人血氣方剛，戒之在鬥，洗魯雅第三個兒子亞撒黑就是這種猛暴性情，他的腳快如野鹿，他也以此自豪，他緊緊追在押尼珥身後，彷彿世界運動會的賽跑，雙方都可以聽到彼此濃濁的呼吸聲。

押尼珥說：「你幹什麼緊追我不放鬆，你往左邊、右邊，隨便挑一個小子就好了嘛。」

原來，單獨決戰的戰利品，就是被殺者的財物，軍人的衣服、盔甲、武器，凡是能夠代表軍人地位的物件，就成為得勝者的戰利品，也象徵得勝者的地位。

亞撒黑少年之犢不怕虎，他就是要單挑押尼珥。

押尼珥勸少年郎說：「你算了吧，別再追趕我，我何必殺你，勝之不武。我若殺了你，有什麼臉面去見你大哥約押。」

亞撒黑不聽勸，仍然步步進逼，不肯轉開。眼看著。快要追上了，押尼珥迅速地一轉身，僅用槍鐏就迅速刺入亞撒黑的小肚子，甚且槍自背後穿出來。

所謂槍鐏，指的是槍桿末端的金屬包口，並不磨尖，也可以做刺棒使用，或是把槍插在地上。這一類古代的槍鐏，出土的很多，壁畫上也有不少。

約押與亞比篩這兩個當哥哥的，馬上追了過來，押尼珥站在山頂之上，大嗓門地說：「刀劍豈可永遠殺人嗎？你豈不知將來必有苦楚嗎？以色列人為什麼要打以色列人呢？你們要等到什麼時候才叫百姓回去呢？」

剛剛發生喪弟之痛的約押說：「我指著永生的神起誓，早上你若是不說『戲耍』那一句話，就不會發生今天這一場悲劇，弟兄們今早本來就要回去了。」

接著，約押吹起角來，眾民站住，不再追趕。押尼珥與跟隨他的人，也經過亞拉巴，過約旦河，到了瑪哈念。

約押回來之後，清點人數，發現大衛的僕人之中少了十九個人以及亞撒黑。但是大衛的人馬殺了押尼珥的人數高達三百六十名，相較之下，大衛的軍力仍然高過一籌。

眾人將亞撒黑的屍體送到了伯利恆，葬在他父親的墳墓裡。

聖經裡面，心驕氣傲的人，名叫褻慢，他行事狂妄都出於驕傲。押尼珥是個飛揚跋扈之人，又是好戰分子，才會慫恿雙方比武。

偏偏亞撒黑也是個狂小子，非剝下押尼珥的軍裝，顯揚自己的能力。其實，押尼珥教訓亞撒黑一頓也就夠了，犯不著置之於死地。這樣，押尼珥也為自己後來埋下不幸的伏筆。

人類之性好鬥，因此，每次世界足球大賽，主辦單位就要派出大批警力，安撫球迷們高張的情緒。所以聖經箴言之中，有一段話十分有趣：「你若行事愚頑，自高自傲，或是懷了惡念，就當用手摀口」、「搖牛奶必成奶油，扭鼻子必出血，照樣，激動怒氣，必起爭端。」押尼珥正是典型例子。

26. 帝王的子女

施彼福長老，同時也是一名優異的律師，一八七三年，他的妻子帶著家小與朋友前往歐洲，十二月二日，他接到一封妻子安娜的電報，由於船艦相撞，四個孩子全死了。施彼福呆住了，卻也冷靜下來，寫了一首頌讚主恩的經典詩歌。

「有時享平安，如江河平又穩，有時憂傷來似滾滾，不論何環境，我已蒙主引領，我心得安寧，得安寧。」

對於大衛而言，目前這一段時光，乃是被追殺之後的平安歲月，他一口氣從六位妻子，得了六個兒子。同時，掃羅家日益衰弱，大衛家日日強盛。

在掃羅死亡之後，押尼珥掌大權，以掃羅之子伊施波設為傀儡君王，押尼珥大搖大擺，目空一切，且與掃羅的妃嬪利斯巴同寢。利斯巴曾為掃羅生下兩個兒子，很得掃羅寵愛，伊施波設看了，心中實在不是滋味，而且這也隱含押尼珥想要自立為王的野心。

有一天，伊施波設看著他二人公開調情，又親又吻，實在覺得羞恥，忍不住拿出君王的權威開口：「我不明白，你為什麼要與我父親的妃嬪同床共寢。」

押尼珥臉上掛不住，立刻板起惡臉還擊，狠狠嗆過去：

「我算什麼？我是猶大的狗頭嗎？我恩待你父親的弟兄朋友，我還保護你，不把你交在大衛的手裡。你倒好，今日竟然為了一個婦人的緣故責備我，我若不照著耶和華神應許大衛的話，使他治理以色列與猶大，願神重重降罰與我。」

伊施波設一向怕押尼珥，低下頭來，咬緊嘴唇，眼睛紅紅的，實在可憐。使人想起清朝末代皇帝溥儀，在日本人挾持之下，成為「滿洲國」的皇帝，看來古往今來，末代皇帝下場都不好。

押尼珥說幹就幹，立刻派人去見大衛，親熱地說：「這國歸誰呢？你與我立約，我就一定幫助你，使得以色列人全面歸向你。」這等於是向大衛輸誠了。

大衛也不願意以色列人對幹，很爽快地答應：「好，我這就與你立約。但是，我有一個條件，你得把掃羅的女兒米甲帶來還給我，不然，你不得再與我見面。」

另外一方面，大衛直接打發人去見伊施波設說：「你要把我的妻子米甲還給我。」

米甲是誰？大家還記得嗎？米甲這個名字的意思是「有誰向神」。

遙想當初，掃羅遇到非利士人歌利亞，歌利亞是個巨人，以色列人個個喪膽，唯有那忠心上帝的大衛自動請纓出戰，他用甩子拋出石頭，正中歌利亞的額頭中央，應聲而倒，大衛用歌利亞的刀，割下歌利亞的頭，大衛立刻成為英雄，婦女們立刻把對掃羅的愛慕，一古腦全給了大衛。

這還不打緊，有人編了一首歌謠「掃羅殺死千千，大衛殺死萬萬。」唱得起勁，掃羅的心中又酸又嘔，大大刺傷了自尊心，但是表面又不便發作。由於耶和華與大衛同在，大衛除了會打仗，辦事精明，掃羅心中更加不悅。

掃羅心中打著算盤：「我不能親手害他，但是非利士人可以。」

於是，堆著滿面假笑對大衛說：「我將長女米拉給你為妻，只要你好好為著耶和華神，為著我爭戰。」

大衛卻不敢接受，他推託道：「我是誰？我算什麼？我是什麼出身？我父家又是什麼？」門不當戶不對，大衛說：「我豈敢作王的女婿？」

這是大衛的客氣話，後來，掃羅想想又捨不得，於是賴皮了，把長女米拉嫁給了亞得列。

有人報告掃羅，次女米甲瘋狂地愛慕大衛，大衛是當紅炸子雞，幾乎每個女人都為之傾倒。

掃羅又想利用女兒下手，大衛依舊不肯，他自謙地說：「我是貧窮卑微的人，沒有資格當駙馬爺。」

掃羅的狐狸尾巴露出來了，他提出條件：「我不要什麼聘禮，只要一百個非利士人的包皮。」

不料，要五毛給一塊，大衛竟然帶了二百個非利士人的包皮，這下子，婚禮不得不舉行。米甲知道洞房之外，危機四伏，於是，把大衛自窗外縋下去，大衛遠逃。

後來，掃羅將米甲嫁給了迦琳人拉億的兒子帕提為妻。

算起來，米甲是伊施波設的姐姐，依施波設是不敢得罪任何人的膽小鬼，馬上打發人，將米甲接回來。

依照古代的法律，無論是罕默拉比法典，亞述的法律都規定，凡是被武力趕回家門的人歸回之時，可以收回妻子，即使是妻子改嫁，或是生了孩子，此人依然保有權利。因此，大衛要回米甲是天經地義的，駙馬爺的身分，也有助於整個以色列的合一。

然而，米甲與帕提感情太好了，一聽到這個消息，雙方唏噓嘆氣，一顆心彷彿乒乓球一般蹦跳著。

帕提摟住米甲的腰，心中絞痛，米甲的肩膀上，彷彿屋頂漏水，不停滴下丈夫的淚水。米甲本人更是放聲痛哭，她不想回去，她愛帕提，再說，大衛已經有了六個妻子了，米甲也不想爭風吃醋。

但是，此事由不得她作主，馬上得離開，一刻不許逗留。帕提捨不得，一面走，一面哭，一面哭，一面走，兩個人的手握得緊緊的，旁觀者也跟著傷心。押尼珥對帕提說：「你回去吧。」帕提邊走邊回頭，眼睫毛一閃一閃全是淚水。

27. 建立大衛城

押尼珥終於決定押寶大衛，因為大衛是眾望所歸。

押尼珥跑去，對以色列的長老們說：「從前，你們願意大衛作王治理你們，現在你們可以照心願而行，因為耶和華曾論到大衛說，我必藉我僕人大衛的手，救我民以色列脫離非利士和眾仇敵的手。」

押尼珥自封為大衛的特使，去每一個地方拜訪遊說，似乎忘記他與大衛對立的情勢。

最後，押尼珥到了希伯崙，帶著二十個隨從，大衛意氣飛揚，設擺國宴，用最高級的規格來款待押尼珥。押尼珥也拍著胸脯表示，他將繼續招聚更多的以色列人，一起歸服大衛，雙方相談甚歡。

這個時候，約押正率領軍隊在外打仗，回來聽說這一件事，大為不滿，非常不客氣地質問大衛：「押尼珥來見你，你為何還親自送行。你應當知道的，押尼珥來是要誆哄你。」就差沒有明白訓斥大衛，你怎麼如此笨蛋。約押實在是超出一個臣子的言行，虧得大衛心胸寬闊。

約押偷偷地打發人追趕押尼珥，在西拉井這個地方追上了，並且帶回希伯崙，領他到城門口，假意地對押尼珥說：「湊上耳朵來，我有重要事告訴你。」

押尼珥不疑有他，身上靠過來，準備聽悄悄話。這時，約押抽出一把小刀，刺透了押尼珥的肚腹，這是要報當年押尼珥刺死約押小弟亞撒黑的仇，用的是同樣的刀法。

約押真是做了不該做的事，老早，在〈約書亞記〉之中，上帝曾經規定幾個逃城，任何無辜殺害人的人，都可以尋求庇護，希伯崙正是其中之一的逃城，誰也不可以在這地，沒有經過審判隨便殺人。何況兩國交往不殺來使，押尼珥善意前來，約押豈可私下動刀。

這一回，大衛生氣了，而且氣得發抖，他說：「這個無辜流人血的罪必不歸我，不歸我的國，完全歸到約押一家，願他家不停有人生大痲瘋的、患漏症的、架柺而行的、被刀殺死的、缺乏飲食的。」所謂「拐」的意思是紡錘，或是繞杆，指男人失去地位，去做婦女的紡織工作。

大衛下令，用最隆重的國葬葬埋押尼珥，並且吩咐：「你們每一個人，應當撕裂衣服，腰束麻布，在押尼珥棺前痛哭。」他自己也跟在棺木後面，邊走邊哭，哀聲道：「押尼珥啊，你堂堂英雄，怎麼像愚頑人一般，手未曾被綑綁，腳未曾被鎖住，白白死在罪孽之下呢？」

大衛真情流露，似乎忘記了押尼珥長期與他為敵。他只記得押尼珥是個人物，是位大將軍，大衛一哭，眾民也跟著哭成一片。

有人勸大衛：「多少吃一點食物。」

「不，我如果在日落之前，吃任何東西，願神重重地降罰我。」人們這才明白，殺死押尼珥並非大衛的意思，他也為自己洗刷了黑鍋。

大衛再三嘆氣：「你們知不知道，以色列中，死了一位大元帥。」他並沒有處罰約押，因為如他所言：「洗魯雅的兩個兒子約押、亞比篩比我剛強，我雖然為王，今天仍然軟弱。」洗魯雅是大衛的親姐姐，這兩位姪子頗讓大衛傷腦筋，大衛將此交託給上帝：「願耶和華照著惡人所行的惡報應他。」

押尼珥死了，權臣被消滅了，傀儡皇帝伊施波設應當高興，終於自己可以掌權了。然而，恰恰相反，伊施波設怕押尼珥，但是，他更怕失掉了押尼珥，他完全不知道該如何應付國家大事。

利甲與巴拿兩兄弟，趁著伊施波設在呼呼睡午覺，進了房子，假裝說要拿麥子，他們一下子就割下伊施波設的腦袋，在亞拉巴走了一夜，見了大衛王，自我邀功道：「掃羅曾經尋索王的性命，看哪，這是掃羅兒子伊施波設的首級，耶和華今日為我王報了大仇啦！」

大衛的心與旁人不一樣，他說：「以前，有人報告我，說是掃羅被殺了，他自以為是報好消息，我就把他殺在洗革拉。何況，今天，你們把一個義人殺在床上，我當然要向你們討無辜流人血的罪。」

於是，大衛吩咐砍斷這二人的手腳，殺掉之後，掛在希伯崙池旁，卻把伊施波設的首級，安葬在押尼珥的墓中。

眾支派聞風紛紛前來，撒嬌般地說：「我們原是你的骨肉，耶和華也應許你，必牧養以色列人。」於是，他們一起膏大衛為王，大衛正式登基，年方三十歲。從他年幼，上帝毫不留情地磨練他，今日終於揚眉吐氣，眾民歡騰，喜氣洋洋，這也是他第三次受膏，他寫詩讚美主：「你把你的救恩給我當盾牌，你的右手扶持我，你的溫和使我為大。」

然而，勝利的快樂，一個晚上就夠了。因為，明天總還有新的挑戰。

當大衛偏安一方之時，非利士人睜隻眼閉隻眼，現在大衛統一以色列了，非除去他不可。

大衛又開始作戰了，人生多麼辛苦，耶布斯人很瞧不起大衛，因為錫安險峻，易守難攻，「甚且連瞎子都可以防守。」

然而，靠著神的大能，大衛硬是攻入，且給這城取名為大衛城。我們在今天以色列的地圖中，找不到錫安，這似乎是耶布斯的衛城。後來錫安成為大衛城的代表名詞，在舊約之中的預言與詩歌之中，成為耶路撒冷的別名。

28. 性情中人

人們經常揶揄政客，雖說演員是演戲的，但是政治人物比演員還要演技精湛。大衛從來不虛偽做作，他具有真性情，是政治家、軍事家、音樂家與文學家。上帝給他這麼多的恩賜，也有數不清的磨難，上帝愛大衛，大衛愛上帝，很有趣吧，上帝竟然在意人們對祂的愛。一點也不奇怪，正如同父母愛兒女，多麼盼望兒女也一樣愛父母，只是不好意思開口。

大衛的成功，在於他摸著神的心意。他怎麼揣摩呢？他找先知直接問個清楚明白。這一回非利士人聽說大衛當了以色列王，這還了得，布軍在利乏音谷，這是耶路撒冷南部地方，他們要在此處切斷以色列軍隊從猶大獲得的補給。

大衛求問上帝，「我可以上去攻打非利士人嗎？祢要將他們交在我的手裡嗎？」

耶和華說：「可以去，我一定將非利士人交在你的手裡。」

有了上帝的話掛保證，大衛滿懷信心道：「耶和華在我面前，因此我們將如洪水一般，沖垮敵人。」果然，勢如破竹，因此稱這個地方為「巴力毘拉心」，意思是紀念上帝帶領他打敗非利士人，表示一切榮耀歸於主，不像掃羅，會為自己立一個紀念碑。

自古兵不厭詐，大衛沒有得意忘形，繼續猛追。他每一個階段，都冷靜下來，謙卑求問上帝：「下一步該怎麼做。」

耶和華回答：「不要一直向前，而要轉到非利士軍隊的後面去。你們聽到桑樹樹梢上有腳步的聲音，表示天軍降臨。」

神啊，果然沙沙聲起，耶和華大軍已經在前頭攻打非利士人。大衛趁勝直追，將非利士人從迦巴追到基色。

有的人看上不看下，對上面長官卑躬屈膝，對下面部屬。掛著恐龍臉。大衛則是不亢不卑，對任何人都是疼疼熱熱，感情豐富，因此，他有一群敢死隊員樂於為他效命，這是他成功的另一重要因素。

當非利士人在利乏音谷安營之時，大衛待在亞杜蘭洞。早年，他曾經在附近牧羊，景物依舊，人事已非，卻是更加旺盛。大衛面對故鄉伯利恆，他是猶大伯利恆的以法他人。如今伯利恆，陷於非利士人之手，大衛想起來便覺得揪心。

「假如有人能將伯利恆城門井旁的水，打一點給我喝，那該多好啊。」月是故鄉明，水是故鄉甜，大衛一個人喃喃自語著。

這時，大衛身旁有三位勇士聽到了，其中有一個就是約押的兄弟亞比篩。他帶頭悄悄出了山洞，走下山谷，闖入非利士人的營地，從伯利恆井裡打了水，飛快地抱著水瓶回到亞杜蘭洞。

他三人歡天喜地把水瓶遞給了大衛，大衛並沒有如他們想像一般，咕嚕咕嚕一飲而盡，而是哭了，心中有說不出的澎湃。對他而言，這不是一瓶故鄉水，而是三位勇士的熱血，代表對自己的忠心。

當然，辛辛苦苦打來的水，不能夠隨便浪費了。在大衛的心目之中，最好的東西就是要獻給上帝。

於是，大衛把水拿來祭奠在耶和華面前，並且報告耶和華：「上帝啊，這三個人冒死去打水，這水就好比他們的血一般，我絕對不敢喝，因此將這瓶水獻給神。」

三位勇士怔怔地望著大衛，心中有無比的敬畏與熱愛。他每一件事的表現，都是這般與眾不同。

以色列人到今天，講起大衛王，仍有懷念有光榮，不僅因為他是英雄，而在於他的真性情，大衛心中有愛。

同樣的，中國人提到唐太宗，就如同以色列的大衛王，心中湧起一片尊敬。唐太宗同樣是性情中人，對臣子有一分兄弟之情。

唐朝有一位大將軍，名叫李勣，他戍守邊疆，一守就是整整十六年，唐太宗誇獎他：「我用李勣可比萬里長城還有用。」

李勣突然生病了。

唐太宗萬分著急，請了最好的御醫為他把脈。唐太宗站在一旁，彷彿病人家屬一般關切。

醫生開口了：「這種病若想要醫好，還需要一些男人的鬍鬚做為藥引子。」

中國人一向認為，身體髮膚，受之父母，所以，男男女女不剪頭髮，也不剪鬍子的。

唐太宗卻立刻拿出劍，割下自己的鬍子交給醫生。李勣病好了，入宮叩謝，磕到腦袋出血。

　　唐太宗疼李勣，自己的名馬讓給李勣。有一次李勣多喝了一點酒，太宗擔心他會吹風著涼，竟然把龍袍披在李勣身上。如果不是太宗主動，誰要膽敢龍袍在身，那可是要判死罪的。

　　唐太宗勤政愛民，和大衛一般，對每一個人民都多情，雖然他沒有機會見到這許多人民，皇帝是深鎖宮中。

　　貞觀二年，關中鬧起蝗災，蝗蟲是很可怕的，頃刻之間，糧食就被席捲一空，太宗心中十分不安，又無可奈何。有一天，他竟然在宮中，看到飛來的幾隻蝗蟲，他用手掇起幾隻吞了下去，對天祈禱：「民以穀為命，你竟然吃穀子，不如吃我的肺腸。」肺腑之言，令人感佩。

29. 牛失前蹄

大衛當了王，建都耶路撒冷，他的臉龐因為幸福而發光，他決定要做一件大事——要把約櫃遷回耶路撒冷。這不僅在政治上有特殊的意義，更在信仰上凝聚影響力，他要人人尊崇耶和華神。

大衛鄭重其事，自以色列人中挑選三萬人跟隨他，要從巴拉猶大將約櫃運了來。好些日子以來，約櫃一直停留在亞比拿達的家裡。

他們特別準備了一輛新牛車辦喜事，免得舊車曾經裝過死的牲畜或是牛糞等等。亞比拿達的兩個兒子烏撒與亞希約哼著歌曲趕著牛車。大衛和以色列的全家，在耶和華的面前，用松木製造的各式樂器和琴瑟鼓鈸鑼、作樂跳舞，大衛心想，這真是榮神益人的美事。

當牛車到了拿艮的禾場，因為牛失前蹄，烏撒順手就扶了一下約櫃，免得約櫃跌倒。

就這麼輕輕一扶，烏撒暴斃，耶和華生氣了。

眾人嚇得屁滾尿流，紛紛四散，也有人忿忿地說：「上帝也太難伺候了，難不成讓約櫃倒在地上。」

最難過的人是大衛，他一片好心好意，明明喜事一場，怎麼竟然成為悲劇。亞比拿達突遭喪子之痛，嚇到哭不出聲音來。

大衛心裡又愁又煩，而且帶著火氣，他不肯把約櫃運到大衛城來，免得帶來更多的不祥。於是，改將約櫃運到迦特人俄別以東的家中。

大衛難過極了，他不明白，為什麼好心沒好報，就算烏撒有什麼不對，也不該受到如此嚴厲的處罰。當然，他身為國王，應該負起完全的責任，他萬分沮喪。

衝動過後，冷靜下來，大衛一拍腦袋，糟糕，錯大了，他忘記歷史了。遠的來說，〈民數記〉中記載，只有利未人中哥轄子孫才能在會幕搬運至聖之物，當他們進去，摘下遮掩約櫃的幔子時，要用海狗皮蓋在上頭，再蒙上純藍色的毯子，抬約櫃時，不可摸聖物，免得他們會死亡。

所以，烏撒根本沒有抬約櫃的資格，更不能用手碰約櫃。約櫃是特殊身分的人才允許做的聖事，豈可效法非利士人搶約櫃，用牛車來搬運，真是開玩笑，大不敬。

近的來說，非利士人曾經把約櫃當成戰利品，抬進大袞廟之中。第三天發現，大袞的像仆到在約櫃旁邊，臉伏於地，滾蛋了。

由於褻瀆約櫃，非利士人男女老少個個長了痔瘡，那個時代既沒有藥膏，又沒有開刀技術，苦不堪言，最後用五個金痔瘡、五個金老鼠放在約櫃旁，約櫃如同無人駕駛牛車，直往伯示麥去。伯示麥人因為擅看約櫃，還一下子死了七十個人。

大衛想起種種，不免懊悔自己的孟浪。他忘了請教神，又忘記約櫃代表神，神是不許看、不許摸的，連摩西都只見過耶和華神的背影。

如今，約櫃待在俄別以東家三個月，不但沒有任何不吉祥，反而家運迅速亨通。

有人把這消息報告大衛王，大衛就完全照著〈民數記〉上的規矩，認真辦事。大衛歡天喜地，穿著細麻布的以弗得（背心）吹著牛角，迎接約櫃入城。

大衛太高興了，踴躍地、極力地、忘情地在約櫃前跳舞，獻完了燔祭與平安祭之後，大衛王宣布：「我現在奉萬軍耶和華之名，為大家祝福。無論男女，每人都可以領到一塊餅，一塊肉，一塊葡萄餅。」

在物資不豐裕的年代，這是相當豪華的禮物，大夥都開心得要命。

詩篇第二十四篇榮耀之王，就是大衛為此寫的一首詩歌：

「眾城門哪，你們要抬起頭來，永久的門戶，你們要被舉起，那榮耀的王將要進來。

榮耀的王是誰呢？就是有力有能的耶和華，在戰場上有能的耶和華。

眾城門哪，你們要抬起頭來，永久的門戶，你們要把頭抬起，那榮耀的王將要進來。

榮耀的王是誰呢？萬軍之耶和華，他是榮耀的王。」

人人歡喜的當頭，有一個人不開心，他是誰？就是大衛的妻子，掃羅的女兒，一度嫁給帕提的米甲。當大衛又唱又跳，樂不可支之時，米甲從窗戶往外觀看，只覺得大衛衣衫不整，興奮過頭了，沒有君王應有的威儀。

因此，當大衛一回來，米甲就當頭潑了一盆冷水，諷刺地說：「以色列王啊，今天你在臣僕的婢女們前面露體，好像是一個卜賤無恥的人一樣，有好大的榮耀啊。」

大衛沒有被激怒，他平平靜靜地回答：「耶和華揀選了我，我必在耶和華面前跳舞，我也必在耶和華面前更加卑微，看自己為輕賤。」

米甲不懂，是的，她不能體會。自從米甲從富戶把大衛縋下去之後，大衛十多年來，若不是相信在活人之地有耶和華，他早喪膽了。他的心投靠在耶和華的翅膀之下，躲避了無數次災難，他緊緊抓住神，才有了今日的大衛王。

米甲不一樣，她一直過著養尊處優的生活，改嫁的先生又對她百般疼愛，她心中沒有上帝。他們夫妻沒有同甘共苦的經驗，沒有提心吊膽的革命感情，雙方不契合，後來也沒有生養兒女，天作不合。

30. 故人之子

在上一回，大衛將約櫃遷到耶路撒冷，自以為做了一件美事，卻因為技術犯規，造成烏撒慘死，大衛被上帝好好地管教了一番。

這一回，大衛又想做一樁美事，他想為耶和華建殿，然而，大衛學乖了，他先請教先知拿單：「拿單啊，你看看，我住在香柏木的宮中，上帝的約櫃卻擺在幔子裡，我想為神建一座最好的宮殿。」

所謂香柏木，這是一種特殊的樹木，它生長的速度緩慢，樹齡可以高達三千年，高一百二十英尺。其木紋理細緻，有特別的香氣，經久耐用，其中的樹脂可以防止霉菌的生長，多半產於黎巴嫩海拔五千英尺的山上，相當珍貴，到了公元一千年左右就幾乎絕跡了。

拿單憑直覺就雙手贊成：「王啊，你可以憑你的心意而行，因為耶和華與你同在。」

當天晚上，耶和華就提出反對的意見，祂告訴拿單：「你去對我的僕人大衛王說，自從我領以色列人出埃及，一直到今天，我何曾住過殿宇。我從羊圈之中召了你，立你作以色列的君王，你無論往哪裡去，我常與你同在，不被一切仇敵擾亂，我必使你得到大大的名聲，我也一定使你的後裔接續你的王位，你的國你的家必永遠堅立。」

上帝的拒絕何其婉轉，真像一位溫柔慈祥的父親。

大衛感動得滿眼淚水，他坐下來，彷彿耶和華在面前一般，事實上神是無所不在的，大衛嘆口氣道：「耶和華啊，我是誰？我的家又算什麼？你竟然使我到如此顯赫的地步，這又豈是尋常人所會遇到的事嗎？願人永遠尊你的名為大，永遠賜福僕人的家。」

上帝是無所不在的，然而群眾的確需要一所建築物，用來表現人們對神的敬愛、肅穆、祈求、感激。

上帝當時不忍心拂大衛的好意，然而過了許多年之後，大衛對他的兒子所羅門說：「耶和華的話臨到我說，我流了多人的血，打了太多的仗，所以不可為我的名建造殿宇。」「耶和華還對我說，你有意為我的名建殿，這個意思甚好。」

因此，血跡斑斑的手，雖然不允許建殿，卻可以籌備建殿的大事，除了香柏木之外，大衛還盡量預備金子、銀子、鋼、鐵、寶石、紅瑪瑙、漢白玉……包括他自己積蓄的金銀等等。

受人點滴，泉湧以報。大衛要報神恩，他還想報人恩，他一直沒有忘記救他、愛他、尊敬他，為他捨棄自己的約拿單。約拿單協助大衛逃跑，躲避掃羅追殺之時，曾經要求大衛：「當我死後，耶和華從地上剪除你仇敵的時候，你不可以向我家絕了恩惠。」

大衛信守諾言，厚待埋葬掃羅、約拿單的基列雅比的居民，還為掃羅父子作了哀歌，他總還想要多做一點什麼，因此他問手下：「掃羅家還有沒有剩下的人？我要因為約拿單的緣故，向他施恩惠。」

很快地，有人傳消息來了：「聽說掃羅家有一個僕人，名字叫洗巴。」

「那麼，快宣洗巴。」

洗巴立刻來到大衛面前，大衛問他：「你就是洗巴嗎？」

「是的，僕人就是。」

「掃羅家還有後人嗎？我要照上帝的慈愛待他。」

洗巴不敢隱瞞：「還有一個約拿單的兒子，米非波設。他在逃難之時，奶媽不慎，害他兩腿都瘸了。」

「那他現在人在那裡？」

洗巴說：「他在羅底巴亞米利的兒子瑪吉家中。」

大衛王說：「快帶他來。」

一聽說大衛要見他，米非波設的心臟彷彿從心口跳到了桌面，當時美索不達米亞文獻之中，不乏新王登上寶座以後，第一件事就是把政敵殺了餵狗。因此，這一晚，米非波設徹夜難眠，他不明白，為什麼命運如此悽慘，當初奶媽抱著他，摔了一跤，雙腿不良於行，已經夠可憐了，怎麼又被大衛王尋著，哎……苦命人哪。

另一方面，大衛也睡不著，死別已吞聲，生別長惻惻。他與約拿單一別之後，經常夢到約拿單，真所謂「故人入我夢，明我長相憶」。如今，找到故人之後，總算可以把這一腔思念有個出口，他興奮地睡不著。

第二天，千呼萬喚之中，米非波設出現了，架著一支手杖，兩隻腳一拐一拐，十分狼狽，臉上一副要哭的表情。但是動作斯文，顯出有好的教養，沒有約拿單的英氣，眉梢之間卻有父子相像的痕跡。

大衛親熱地喊著：「米非波設，你不要懼怕，我因為你父親的緣故，把你祖父的一切田地全還給你，你還要常常與我同席吃飯，我好喜歡你。」

叩拜在地的米非波設驚住了，他含情凝睇望著大衛，又馬上叩頭謝恩：「僕人算什麼，我不過如死狗一般，竟蒙王這般眷顧。」事情的發展，完全出他意料之外。

大衛王又召了洗巴來，對他說：「我已經把掃羅一切家產賜給你主人之子了。你和你的兒子們要為米非波設種田，並伺候他，你有幾個兒子？」

洗巴不敢隱瞞：「僕人有十五個兒子，二十個僕人，凡王所吩咐的我必遵行。」洗巴也不敢不遵行，因為大衛經常邀米非波設把酒言歡。

31. 情殺

一年春天，大衛王差派約押率大軍出征，他留在耶路撒冷。午覺醒來，在王宮的平頂上散散步，突然之間，大衛驚呆了，你猜，他看到什麼了？他竟然看到一個光溜溜的女子在洗澡。

那個鏡頭真是美極了，女子毫無察覺有人在偷窺，一頭秀髮輕輕綰在頭上，她的身材凸凹有致，豐腴光滑，似乎在哼著歌曲，一面用木勺澆水在身上。大衛恨不得自己是水，可以接觸到肌膚的柔軟與舒適。

大衛的心怦怦地跳著，他目不轉睛。一會兒，美女洗好澡，裹上大包巾，進房間去了，大衛一個人怔怔地望著，意猶未盡……

下了頂樓，大衛心中狂熱。他本來是熱情洋溢的詩人，宮中也早有許多妃嬪，根據摩西律法，禁止君王多立妃嬪，恐怕心地偏邪。然而此時，他心中充滿了無限的誘惑，他想再看美女一眼，再看一看就好了。

大衛派人打聽，立刻就有消息了，她是赫人烏利亞的妻子拔示巴，烏利亞剛好隨著約押出征，這是個好機會。

拔示巴很快便被接入宮中，她盛裝打扮而來，美豔奪目，氣場強大，似乎是仙女下凡。大衛心花怒放，大衛本來就是帥帥的，十多年來的歷練顯得更是英挺逼人。大衛的眼睛灼灼地望著拔示巴，噢，沒有女人不愛大衛的，中間沒有談情說愛，大衛牽起了拔示巴的手，兩人一起躺到床上。就在那一剎那，人類的三大罪行，眼目的情慾、肉體的軟弱、今生的驕傲，同時發生在大衛身上。

拔示巴回去了，大衛心中開始不安。無論任何人是否信仰上帝，當他違反了上帝的意旨，自然而然心中不安，正如同亞當夏娃在伊甸園中偷吃了禁果，立刻害怕起來。

更可怕的事來臨了，隔了一段時日，拔示巴打發人告訴大衛，她懷孕了，這還了得，根據〈利未記〉所載：「與鄰舍之妻行淫的，姦夫淫婦都必治死。」

大衛急著補破網，他差人到約押那兒說：「你打發赫人烏利亞到我這裡來。」其實，大衛若要知道軍情，該問的是約押，約押才是總司令。但是，現在顧不得那許多了。

烏利亞到了宮中，大衛裝腔作勢問了一堆「約押好不好」、「你好不好」、「兵士們好不好」的問題，然後備了一份豐盛的食物，請烏利亞「回家去歇一歇，洗一洗腳吧。」

送走了烏利亞，大衛終於心中放下一塊石頭，好好睡了一覺。

不料，第二天有人稟報大衛：「烏利亞睡在宮門外，沒有回家去。」

原來，以色列軍隊有一個傳統，就是在戰爭期間，戰士不得與妻子同房。

大衛找了烏利亞來問話：「你那麼遠回來，怎麼不回家去看看。」

烏利亞忠心耿耿地回答：「約櫃和以色列與猶大兵都住在棚裡，我主人約押及王的僕人都在田野安營。我豈可回家吃喝快樂與妻子同床共寢呢？這種事我做不來。」

大衛又不能對烏利亞說：「你趕快回去過夜，不然我和你妻子拔示巴的事就要東窗事發了。」偏偏烏利亞又鄭重起誓說：「我絕不回家過夜。」有點像大禹治水，過家門而不入。

大衛有苦難言，又心生一計，他設宴款待烏利亞，左一杯，右一杯，硬是把烏利亞灌醉不省人事。豈知，烏利亞仍然清清醒醒地睡在宮外。

這下子大衛沒有辦法，只好開殺戒，他寫了一封信交給烏利亞，對他說：「這是一封重要的信件，你要親手交給約押。」

烏利亞鄭重其事地回答：「僕人遵命。」他哪兒猜想得到信中所寫的竟是：「派烏利亞前往陣勢極險之處，然後，你們退下，讓他被殺。」

烏利亞恭謹退下，大衛腦海之中，突然冒出一句話「流無辜人的血」。是的，他在謀殺一個忠心衛國的勇士，真是一步錯，步步錯，現在也回不了頭了。

約押看了信，一肚子霧水，但是仍然照辦。在圍城的時候，知道那兒有尖險的敵人，就把烏利亞派去送死。

於是，約押差人去送信報告大衛，當然不能直言，王所交辦的，殺害烏利亞的事已照辦，而要這麼說：「你報告完戰爭的情況以後，王若發怒，責問你們，為什麼打仗這麼接近城牆呢，豈不知敵人一定從城牆射箭嗎？以前亞比米勒不就是因為一個婦人，從城上拋下一塊石頭來，把他活活打死嗎？那時，你就要說，赫人烏利亞也死了。」

果然，大衛裝著惱火的表情，似乎不滿意戰況。

使者委婉的解釋：「這也是沒有辦法的事，敵人比我們強。我們追殺他們，一直到了城門口，有幾個射箭手很厲害，從城牆上開弓，烏利亞也死了。」

「既然如此。」大衛反過來安慰使者：「勝敗乃兵家常見之事，你去告訴約押，不要因為這事愁悶，刀劍無眼，或吞滅這人，或吞滅那人，沒有一定的，只管盡力向前。」大大地勉勵約押一番。

烏利亞死了，而且是很光榮地為國犧牲。拔示巴為丈夫哀悼了一番，大衛就把她接到宮中，做了大衛的妻子。不久，拔示巴為大衛生下一個兒子，表面上天衣無縫。然而大衛心中沉甸甸地，當然耶和華也為之震怒。

32. 曝光

任何人做了虧心事，都會良心不安，大衛也不例外。

大衛在聖經詩篇三十二篇之中說：

「我閉口不認罪的時候，因終日唉哼，而骨頭枯乾。黑夜白日，你的手在我身上沉重，我的精液耗盡，如同夏天的乾旱。」

他借刀殺人殺了大將烏利亞，又娶了他的妻子拔示巴。這件事，大衛表面若無其事，他心中明白，上帝看得清楚。他一向對上帝傾心吐意，但是如此醜聞如何在禱告中啟齒。

還有，大衛派出執行謀殺的大將約押，當時雖然一頭霧水，等到大衛娶了拔示巴，他立刻明白個中原因。

大衛等於給了約押一個把柄，這也讓大衛惴惴不安。

罪中之樂雖然樂，背後的苦水卻是苦不堪言。因此通緝犯落網之後，往往會說：「我現在終於可以睡覺了。」

大衛向來是合神心意的人，他知道上帝饒不過他，只是不知會如何處罰。該來的總是會來的：

有一天，耶和華派遣先知拿單去見大衛。

拿單對大衛說：「最近發生了一件事，請王來評一評理。」

「好啊，你說說看。」

「在一座小城裡，住了兩個人，一個人是富戶，另外一個人是窮光蛋。富戶有許許多多數不清的牛群羊群，而窮人呢，除了他所買來的一隻小羊外，別無所有。這隻小母羊特別的可愛，在窮人家裡，和孩子們一起成長，窮人抱著小羊，餵著小羊，彷彿自己的女兒一般疼著。

某日，富戶家裡來了一位客人，富人捨不得從自己的羊群之中，拿出一隻來待客，卻把窮人的小羊殺了，做成美食。」

一向最有正義感的大衛，立刻惱怒道：「我指著永生的耶和華起誓，這個富戶該死。而且他必須償還四倍給窮人，太可惡了，完全沒有憐恤人的心。」

拿單用手指著大衛，明明白白地說：「你，就是那富戶。」

大衛腦海中立刻浮起了：殺人罪、偷盜罪、奸淫罪都是十誡中的罪，心中一沉。

拿單繼續嚴厲地說：「耶和華以色列的神如此說，我膏你當以色列的王，救你脫離掃羅的手，把你主人的家業賜給你，將掃羅的妻子交在你懷裡，你如果還不滿足，我會加倍賜給你，你為何藐視我的命令，行我眼中為惡的事呢？

你借著亞捫人的刀，殺害烏利亞，又娶了他的妻子，從此，刀劍一定永遠離不開你的家。我會在你的眼前，把你的妃嬪賜給別人，你在暗中所行的事，我卻要在日光之下報應你。」

大衛又羞又慚，哭著對拿單說：「我不對，我得罪耶和華了。」

拿單說：「耶和華已經除掉你的罪，你不至於死。」「不過……」拿單提高了聲量說：「你的孩子必須死。」講完話，拿單掉頭就走。

「噢，不要。」大衛用手矇著眼，不斷地搖頭說「不要」。大衛雖然早有許多兒子，從來沒有一個孩子，是大衛如此寶貝的，小嬰兒繼承了父母的容貌，特別地漂亮，惹人疼愛。大衛喜歡抱他入懷，親他，逗他。耶和華想必也知道，所以給了大衛如此嚴厲的懲罰。

大衛懺悔了，孩子何辜？不是因為大人做錯了事嗎？為此，他寫了詩篇51篇，公開承認了自己的罪行：

「神啊，求祢按祢的慈愛憐恤我，按祢豐盛的慈悲塗抹我的過犯。

因為我知道我的過犯，我的罪常在我面前。

祢責備我的時候顯為公義，判斷我的時候顯為清正。

求祢用牛膝草潔淨我，我就乾淨，求祢洗滌我，我就比雪更白。
求祢為我造清潔的心，使我裡面重新有正直的靈。
不要丟棄我，使我離開祢的面，不要從我收回祢的聖靈。
祢本不喜愛祭物，若喜愛，我就獻上，燔祭祢也不喜悅，神所要的祭就是憂傷的靈，神啊，憂傷痛悔的心，祢必不輕看。」

大衛仍然想為孩子懇求神，他離開舒適的臥床，躺在冷冰冰的地上，日夜禱告，完全禁食。

大衛一向厚待身邊的人，因此老臣看著捨不得，一定要拉他起來，大衛執意地不肯。

到了第七天，孩子死了，誰也不敢稟告大衛。大衛是何等聰明的人，看到眾人交頭接耳，馬上問：「孩子死了嗎？」

臣僕說：「死了。」他們不敢想像大衛會如何憂傷。不料，大衛立刻從地上站了起來，沐浴，抹膏，換上衣服，吩咐擺飯，眾人都詫異這是怎麼一回事。

大衛解釋：「孩子還活著的時候，我禁食哭泣，希望耶和華憐恤，也許孩子不死，現在他死了，我何必禁食？」他意味深長地說：「有一天，我必往他那兒去。」大衛畢竟是智慧人。

33. 暗戀

大衛王是有名的美男子，他的後宮又是美女林立。因此他的下一代都是俊男美女，其中美中之美，一致公認是他瑪。他瑪的外公是基述王達買，他瑪是眾人疼愛的嬌嬌小公主。

人都有愛美的天性。因此，他瑪從小就受到注意，人人看到他瑪，忍不住多看兩眼，他瑪也習慣了，總是報以淺淺的微笑。

大衛的長子暗嫩，從小就對這個同父異母的妹妹感到興趣，隨著他瑪一天天長大，成熟，愈發地標緻。暗嫩竟然心癢癢的，白天、晚上、夢裡，全是他瑪的倩影。他知道這是不該有的想法，這是亂倫啊。但是明明知道不對，卻更想占為己有。

在利未記十八章九節之中，明確地記載「你的姐妹，不拘是異母同父的，是異父同母的，無論是生在家，在外的，都不可露他們的下體。」犯奸淫可是死罪一條。律法管不住暗嫩的心，他日漸消瘦，得了相思病。

暗嫩有一個堂哥，他是大衛長兄示米亞的兒子，一向狡猾，他早就看出郎有情，妹無意。他瑪的心態上根本還把自己當成小女孩，被周圍所有人寵愛著，完全無視於暗嫩的虎視眈眈。

堂哥名叫約拿達，他明知故問暗嫩：「我說，王的兒子啊，你為什麼一天比一天瘦弱、憔悴、沒有精神。」

「哎，還不是為了他瑪。」

「那還不簡單。」約拿達拍一拍胸脯：「聽我的，你就躺在床上裝病，反正你這個模樣也和病人差不多。然後，當你父親來看望你，你就求父親，要你妹子到你面前，為你準備食物。」

約拿達這個辦法，就像京劇《梅龍鎮》中，正德皇帝不肯喝桌上的酒，非要李鳳姐親手端上，他趁機摸摸玉手吃豆腐，調情之後共度春宵一般。

暗嫩馬上照辦。

大衛是個性情中人，疼愛每一個孩子，聽了暗嫩的要求，就要他瑪去為哥哥烤兩個餅。

他瑪一向乖巧聽話，就在暗嫩眼前摶麵，做餅。暗嫩看著她美妙的背影，心裡一陣一陣衝動湧翻上來。

香香的餅烤好了，他瑪把餅從鍋中翻了出來，暗嫩卻不肯吃，反而下令：「你們眾人都離開吧。」

暗嫩進了臥房，邊走邊說：「他瑪，把餅拿來。」

他瑪不疑有他，端餅入內，拿著餅，遞給暗嫩，暗嫩兇性大發：「妹妹，我不要餅，我要你。」

他瑪嚇壞了，她急了，她說：「哥哥，不要玷辱我，以色列人不可以做出這種醜事，這不但成為我的羞恥，而且你也成為以色列人之中的愚妄人，此事萬萬做不得。」

「不然，這樣吧，你去求王，王一定會准許的。」他瑪繼續哀求著。

暗嫩才不理會他瑪的哀求，「仗著男人的力氣大」，對，就是男人力氣比女人大，古今中外多少女子受到強暴的侮辱。

暗嫩發洩了他的慾望，終於得到他從小夢寐以求的妹子，卻沒有一絲快感，更談不上甜蜜的滋味。

暗嫩站了起來，看著他瑪，嚶嚶地啜泣著，滿臉淚痕，垂頭喪氣，臉是垮的，全身都是塝的。儘管是美人，哭起來，成了一張馬臉，非常難看，醜死了。

他瑪的眼中有羞慚、憤怒、不甘、痛恨、不知所措，如果暗嫩對他瑪有真情，也許他會摟著他瑪安慰兩句。

然而，暗嫩心中只有不滿，他覺得自己多少年來的暗戀真是愚蠢，若不是他瑪太美，就不會害他犯下律法，這全是他瑪的錯。他這麼巴巴愛著他瑪，他瑪卻一臉嫌棄，好歹他也是個王子，也是多少女子的白馬王子，他瑪的委屈，轉換成為暗嫩的厭惡，他完全想不起來，為什麼要折騰自己，痴痴暗戀這許多年，不值得嘛。

他瑪還是繼續地哭，哭得暗嫩心煩意亂，突然之間，一百八十度的轉變，他發現，他開始恨他瑪，對，就是恨她入骨，這種仇恨的心比以前愛她的心還要強烈。其實，暗嫩從來沒有愛他瑪，他只是為他瑪的美色著迷，他只懂慾望，不懂真情。

於是暗嫩冷冷地說：「你起來，滾吧！」就像用過一根牙籤，玩過一個妓女一般，他要趕她走。

他瑪驚呼：「不要這樣子，你若是趕我出去，你犯的罪比剛才犯的罪更要嚴重。」

左一個罪，右一個罪，暗嫩氣得大呼：「來人啊，把他瑪趕出去。」

於是，進來一個僕人，不客氣地拉著他瑪的衣袖，趕出門外，而且門上了門。拜託，他瑪是何等尊貴的公主，穿著長袖彩衣，照理說，僕人連摸一摸的資格都沒有。她還是個處女呢，想起來傷心透頂，一面用灰塵撒在頭上，一面撕裂身上的彩衣，然後以手抱著頭，邊走邊哭喊，聲音悽愴。

走到路上，剛好碰到自己的親哥哥押沙龍，忍不住嚎啕大哭大喊。押沙龍猜也猜得到怎麼一回事，他老早覺得暗嫩眼神閃爍不懷好意，安慰妹妹道：「他是你哥哥，別放在心上。」其實，押沙龍心中冒火，恨不得去宰了暗嫩。

34. 難題

大衛王的兒子暗嫩，強姦了同父異母的妹妹他瑪，這等於給大衛出了一道難題，他該如何處置？

根據〈利未記〉，亂了骨肉之親的人，必須自民中剪除，就是殺掉他。

根據〈申命記〉二十二章二十八節「若有男子遇見沒有許配人的處女，抓住她與他行淫，被人看見，這男子就要拿五十舍客勒銀子給女子的父親，因他玷污了這女子，就要娶她為妻，終身不可休她。」

他瑪是處女，是小公主，聽說她被強暴，又被趕出，大衛氣得跳腳。最慘的是施暴者竟然是暗嫩，而且大衛還成為幫兇，因為是他這個當老爸的，命令他瑪去照顧詐病的長兄。

手背是肉，手心也是肉，智慧的大衛王一籌莫展，整個王宮都等著看他如何公正處置。

一個人往往看不見自己的罪、自己的邪惡，直到他因為別人的罪而受罪之時，才看清自己的卑鄙。大衛在暗嫩身上，看到自己的貪愛美色、強占美色，上樑不正下樑歪，大衛從內心深處生出懺悔來。

大衛王與拔示巴的姦淫，乃是眾所共知的，父親行惡在先，又有什麼臉面教訓兒子。因此，大衛選擇了逃避、退縮，他根本不處理這個難題。

然而，自欺欺人是沒有用的，皇宮裡面上上下下，嘴上不敢議論，內心牢牢記著，靜候大衛的裁決。

一天過去了，兩天過去了，沒有消息。一個月消失了，兩個月消失了，依舊沒有下文。一直拖到兩年，彷彿事情未曾發生。

然而，他瑪在押沙龍家裡天天以淚洗面，她整個人生毀掉了，猶太人與中國人一樣，非常重視貞操。受到性侵害者，覺得自己好髒，不敢外出與姐妹們玩耍，而且爸爸不聞不問，沒有一句安慰，他瑪從最美麗的一朵鮮花，迅速地凋零敗落，成為了再醜不過的老太婆。

哥哥押沙龍看在眼中，又是氣憤，又是心疼。他不能衝上去和父王頂嘴，然而內心中對大衛王產生不滿。至於暗嫩，自從這件事以後，押沙龍絕對不正眼看暗嫩，而且沒有說過一句話。

在以色列的歷史之中，曾經出現過一次大規模的護妹事件，兄弟都是愛護姐妹的，所以才會有姑嫂之爭。

雅各生了十二個兒子，還有一個女兒，長得美麗非凡，得到全家呵護寵愛，名叫底拿。

小公主某天在外，被地主哈抹的兒子示劍強姦，底拿嚇得大哭，幸好示劍願意負責任，把她帶回家，要求哈抹成親。

哈抹找到雅各，雅各十個兒子認為，聯姻可以，但是哈抹全家及城中男子必須行割禮，才有資格娶底拿。

哈抹城中男子照辦，卻在第三天，傷口最疼痛的時候，哥哥們大開殺戒，把城中所有男丁殺個精光，其中包括哈抹與示劍。

相較之下，示劍的表現比暗嫩好得太多，但是仍然不免於一死，因為哥哥們強調「不可把妹妹當妓女」。

可憐的他瑪，求與暗嫩結婚也不成，因為大衛王不出來主持公道。

押沙龍決定單槍匹馬，幹他一場，熬了兩年，實在不能再耗下去了。

押沙龍跑去見大衛王，他以剪羊毛為名義，邀請大衛王、王的臣僕、王的眾子一起去參與盛會，大擺筵席。

剪羊毛節在游牧民族可是一大活動，大家可以利用這個節期，買賣牛羊，甚且相親活動，有如住棚節一般熱鬧。

大衛想了一下，拍拍押沙龍的肩膀說：「我的兒啊，我們不必全部都去，免得你破費太多。」

「希望父王能去參加，熱鬧熱鬧，不要天天悶在宮中。」押沙龍一個勁兒地請求。

「謝謝你的好意，我看我不必去了。」大衛沒有多大興趣，只是說：「兒啊，我可以為你祝福。」

押沙龍本來沒有要父親去，這只是個引子，話題一轉：「王若不去，求王許我哥哥暗嫩同去。」

大衛一愣，押沙龍兩年來與暗嫩敵視的態度，人人皆知，莫非現在氣消了，想通了，願意兄弟和好，又有其他眾子一塊前往，大衛想一想，不放心問了一句：「何必要暗嫩去呢？」

「啊，人多熱鬧啊，暗嫩是長兄，當然該去。」押沙龍爽快地回答。

押沙龍磨來磨去，磨個半天，大衛終於答應了這個集體行動。

押沙龍鐵了心，要為妹妹報仇，他對僕人說：「你們注意看著，看到暗嫩飲酒暢快之時，我說殺，你們就撲上去殺，半點不要猶豫，一切有我。」

暗嫩知道押沙龍不高興他，但是在公眾場所，眾子都在，菜如此豐盛可口，酒如此美妙芬芳，押沙龍看起來也沒有以前那般橫眉豎眼，他完全放鬆了戒備。

突然之間，一群僕人向暗嫩撲來，白刀子進紅刀子出，血液濺滿了餐桌，眾人驚呼，暗嫩當場死亡。

罪是會感染的，暗嫩的奸淫罪帶來了押沙龍的殺人罪。

35. 鴻門宴

押沙龍以剪羊毛為理由，大宴賓客，當場明殺了暗嫩，為妹妹他瑪報仇。

當時大衛其他兒子嚇呆了，有人吐出嘴中正在咀嚼的羊肉，有人嗆到了酒、連聲咳嗽，大家都搶著騎上了騾子逃跑了。

宴無好宴，使人聯想到劉邦曾在鴻門（今陝西省）項羽之宴，幸虧張良、樊噲相助，劉邦趁著項羽酒醉，以上廁所為名，溜之大吉。曾經有位餐廳老闆，取名鴻門，嚇得顧客不敢上門，他還不明就理。

消息傳到王宮，加油添醋成為所有王子都被押沙龍殺光了，沒有一人倖免。

大衛一聽，眼前發黑，牆壁也在轉，他撕裂衣服，直挺挺地躺在地上，其他臣僕也紛紛撕裂衣服，站在旁邊。

這時，約拿達說話了。還記得嗎，就是他給暗嫩出了餿主意，詐騙他瑪入宮照顧暗嫩，趁機下手得逞。

約拿達對大衛王說：「自從暗嫩玷辱了押沙龍的妹子他瑪開始，押沙龍就定意要殺暗嫩了。（其實，如果大衛好好處理，不見得如此下場。）現在我主我王，不要把這件事放在心上，以為所有王子都死光了，其實，只有暗嫩一人死了。」

這時候，守望的少年人舉目觀看，發現許多人從山坡的路上奔來，約拿達得意地說：「看吧，王的眾子都回來了，正如僕人所說的。」

話才說完，眾子們下了騾子，為剛才發生的事嚇得大哭，大衛王哭，臣僕們也哭，真是家門不幸啊。

押沙龍闖了禍，不敢回宮，逃到他外公基述王亞米忽的兒子達買那裡去了。

其實，大衛如果要處罰押沙龍，他知道押沙龍藏在何處。但是，大衛的老毛病又犯了，手心是肉，手背也是肉。再說，押沙龍殺暗嫩，因為暗嫩強暴了他瑪，總還有個原因，不像大衛殺烏利亞，完全是奪人之妻，害人之命，他犯殺人罪在先，他憑什麼處罰押沙龍。

就這樣，大衛天天嘆息，什麼也沒處理。一直過了三年，大衛對暗嫩之死比較能接受了，又開始想念押沙龍。

大衛的心思，約押最明白不過。他是大將軍，也是大衛的外甥。他找來一位聰明的婦人，告訴婦人如此如此，並且要她打扮成一位老寡婦。

這位提哥亞的寡婦伏在地上叩拜說：「王啊，請你一定救救我。」

大衛問：「你有什麼事？」

「婢女的丈夫死掉了，有兩個兒子，一日在田間爭鬥，沒有人勸解，一個就打死另一個。現在全家人都起來攻擊婢女，要我交出兇手，這樣我就一個兒子也沒有了，我家的炭火滅盡，不讓我丈夫的名留在世上。」說著，嗚嗚咽咽哭了起來。

大衛王很同情她，就說：「你回去吧，我會為你下達命令。」

提哥亞婦人又說：「這是我家的事，願這罪歸我，和王無干。」她不希望大衛王因此受到無妄之災。

大衛又說：「凡是為難你的人，你就把他帶到我這裡來，他就不會再攪擾你了。」

婦人還是不放心說：「願王紀念耶和華你的神，不許報血仇的人繼續施行滅絕。」她矇上眼睛說：「我好怕好怕他們會滅絕我的兒子。」

大衛很有耐性，他安慰婦人說：「你放心吧，現在我指著永生的耶和華起誓，你的寶貝兒子的頭髮一根也不會掉在地上，這樣，你放心了吧。」

這表示，大衛王赦免兇手，而且不會受到任何處罰。

不料，這婦人還是不走，話鋒一轉，直接挑明：「陛下，容婢女再說一句話。」

「好吧，你說。」

「王為何要害神的民，不讓那逃亡的回來呢，這是錯誤的。我們都是必死的人，如同水潑在地上，不能收回，耶和華神並不取人性命，而是設法使逃出去的人，不至於成為回不來的人。」

「我知道我主我王能辨別是非，如同神的使者一樣，願耶和華與你同在。」聽明如大衛者，打從婦人一開口，他便知來意如何，他也不認為，普普通通一個寡婦可以說出這番大道理，背後一定有高人指點。

大衛笑著說：「我也要問你一句話，你可不許瞞我。」

「請我主我王說。」婦人恭敬地回答。

「你這些話，莫非是約押教你說的。」

婦人倒也不慌不忙，她鎮定地說：「王的話正對，是約押吩咐我說的，他的目的是要挽回此事，我主的智慧高，什麼都瞞不過王，能洞察世上一切事。」

既然話說開了，大衛就把約押找來，對他說：「你可以去把那少年人帶回來。」

約押面伏於地，叩拜祝謝：「僕人今天在我主我王之前蒙恩了。」

約押立刻起身，前往基述，把押沙龍帶回耶路撒冷。大衛想想，這太便宜押沙龍了，於是要他留在自己家中不許入宮。

36. 王子的恐懼

大衛長子暗嫩，強姦了同父異母的妹妹他瑪。他瑪的親哥哥押沙龍氣不過，擺下鴻門宴，當眾殺了暗嫩，跑回外公家避難，約押藉著寡婦說項，大衛准許押沙龍回到耶路撒冷，回到他自己的家，大衛拒絕見面。

然後呢？然後，大衛也不知道怎麼辦才好，他仍然採用拖延的老法子。

押沙龍待在家裡，內心是恐懼的。他殺了哥哥暗嫩是事實，當初他設下鴻門宴，大衛眾子都是陪客，都嚇得落荒而逃，對他心生不滿，也是事實，大衛會不會有一天把他殺掉，他也不敢料定。他爸爸也不是沒殺過人。

押沙龍覺得自己被軟禁，看不見前途。

此情此景，使人聯想到唐中宗李顯的遭遇：

唐中宗得罪了母親大人武則天，在光宅元年（西元六八四年）被廢為盧陵王，流放到房州（今天湖北省房縣），身旁只有妻子韋氏，以及幾個婢女。此外，就是派來監視他的衛士們，他不能隨意外出，經日困坐家中，前途茫然。每一次聽說洛陽有使者前來，他就嚇到要自殺，因為他害怕使者帶來賜死的詔書，或者是一包毒藥。

李顯與妻子韋氏的感情非常好，韋氏有擔當、有氣魄，李顯愛她又依賴她，每一次，當李顯用發抖的聲音說：「不如，先給我一包毒藥，我實在受不了這樣的折騰。」韋氏就會親親李顯的臉龐，握緊他的手，柔聲地安慰：「不怕、不怕，也許什麼事情也沒有，你白白擔心了。」

李顯仍然怕怕，躺在韋氏的懷中道：「但願如你所說。」心中想到哥哥李賢被殺之事。

不久，使者來了，走了，沒有毒藥，也沒有賜死的詔書。但是，李顯的心始終懸掛在半空之中，如此這般，過了十幾年，李顯非常感激韋氏的體貼與勇敢。

後來，救了李顯的不是別人，正是人們所熟悉的狄仁傑。武則天年紀老了，想找武家人為太子來繼承皇位。

狄仁傑對武則天說：「陛下把大唐天下傳給外族，恐怕不恰當，不如傳位給兒子，將來陛下在太廟裡有個牌位，可以永遠享受子孫祭拜。」

中國人是很在乎死後有人祭拜的，武則天也不例外。

於是女皇下令將李顯召回洛陽，一路之上，李顯嚇得要命，不知此去是吉是凶。

有一天，武則天召狄仁傑入宮，狄仁傑又提起堅決要盧陵王李顯當太子，武則天向後方一揮手。

兩位宦官扶著李顯出來。

武則天笑道：「還卿儲君。」

狄仁傑滿臉淚痕，十幾年不見，李顯蒼老許多。

李顯雖然成了太子，依舊恐懼，有一天，李顯的兒子李重潤與妹妹永泰郡主，一起批評武則天，認為張昌宗、張易之不該入宮與女皇淫亂。

武則天召來李顯，責備他：「你兒子女兒都在罵朕，你知不知道？」

李顯下跪：「兒不知。」

「好，現在你知道了，你該怎麼辦，我等著看。」武則天氣得發抖。

於是，李顯回到家中，把兒女找來，告訴他們，祖母要他們的命，三人痛哭流涕。接著，李顯逼兒子女兒自殺，他顫抖地哭，他不明白，為什麼人生之中充滿害怕與痛苦，這是做為王子的悲哀。

武則天絕情，為著達到目的，可以不擇手段。大衛不一樣，大衛信仰上帝，他渾身充滿了愛，有時似乎顯得濫愛。因為與拔示巴姦淫，他默默承受上帝所說「刀劍永不離開你的家」的後遺症，但是，大衛自己絕不忍心殺害兒女。

然而，大衛的心思，兒子押沙龍並不瞭解。

假如說，他瑪是宮中美中之美的美女，押沙龍就是全以色列公認的美男子。他全身上下，無不俊美非凡，尤其是他的頭髮，又濃又密又黑又亮，他每年年底剪一次頭髮，把頭髮拿來稱一稱，竟然有二百舍客勒之重。

當時中東一帶的人，喜歡用頭髮、鬍鬚代表男人的尊嚴與能力，相對而言，禿頭表示辦事無能，禿子也是用來羞辱人的話。古往今來，頭髮都是人們審美的標準。

押沙龍生了三個兒子、一個女兒，女兒名叫他瑪，也是個人見人愛的小美女。他瑪的名字與押沙龍的妹妹一般，可見兄妹情深，難怪他對暗嫩強暴妹妹恨之入骨。

押沙龍在自己的房中憋了兩年，沒有恢復官職，又擔心被殺，心中不是滋味。

他打發人去叫約押，想要拜託約押，讓他進宮見大衛，約押不肯來。第二次，他再找人去叫約押，約押仍然避不見面，他不想再蹚渾水了。

押沙龍竟然對僕人說：「約押有一塊田，就在我的田旁邊，生產大麥，你們去把他的田燒了。」

僕人立刻照辦，這一下燒出了約押，他前來怒問押沙龍：「我好心安排你回到耶路撒冷，你怎麼燒了我的田？」

押沙龍說：「不然見不到你，現在要幫忙我見我父，我若有罪，任憑他殺了我算了。」於是約押轉了話，經過五年，父子終於相見，互相親嘴，內心五味雜陳，悲欣交集。

37. 逼宮

押沙龍殺了長兄暗嫩，經過五年，與父親大衛王相見，連連親嘴，大衛顯然放過押沙龍一馬。

然而，押沙龍仍然不放心。另外一方面，他有野心，覬覦王位，想要造反。

在中國歷史上，父皇在位之時，王子們不敢公開造反，因為違反孝道，不得民心，傳說之中，隋煬帝殺了隋文帝，那只是傳說。唯一一件兒子造反的，該算是安史之亂中的安祿山，他不是唐玄宗的兒子，他是胡人，是楊貴妃的義子。

安祿山原是平盧兵馬使，他嘴巴靈巧，善於巴結。凡是京城裡有人到了平盧，安祿山必熱忱相待，送上厚禮，親親熱熱把人送走。拿了人家的厚禮，自然而然在唐玄宗面前美言。

唐玄宗沒見到安祿山之前，對他已經極有好感，相見之下，更是喜歡。

安祿山胖達三百斤，胖子比較有喜感，似乎帶著傻氣，他還會頂著大肚皮，跳著胡旋舞，旋轉如風，彷彿在跳芭蕾舞，逗得人們哈哈大笑，熱鬧非凡。後來，楊貴妃乾脆收了他當義子，得以出入宮廷。

有一次，楊貴妃一時興起，用錦繡把安祿山包裹成一個襁褓，然後命宮人抬著特大號的巨嬰在轎中四處巡遊，宮女們吃吃地笑。

唐玄宗聽到笑聲，趕出看熱鬧，左右回答：「貴妃在三日洗兒。」這是唐朝風俗，小孩子生下來，三天之後，放在澡盆之中，親朋好友把錢撒在盆中，稱之為添盆。

以後這個巨嬰，官愈做愈大，有人說他有皇帝相，他開始有併吞天下的野心。儘管臣子提醒，唐玄宗始終不疑有他，過了許多年……

一直到天寶十四年，安祿山正式起兵，攻下了潼關，唐玄宗倉皇之中，逃難前往四川，在半途之中，軍士們又餓又怒，逼著唐玄宗賜死楊貴妃，造成馬嵬驛的悲劇。唐朝詩人白居易在〈長恨歌〉中描寫這一段：「君王掩面救不得，回看血淚相和流。」當然，最後，安祿山還是失敗了。

好，我們再回頭看押沙龍，他是怎樣佈局謀反的。同樣的，他也是長期經營，大衛王渾然不覺。

押沙龍是直接訴諸民意，他本來長相俊美，號稱以色列第一美男子，他為自己預備了漂亮的車馬，又派五十人在他前頭奔走，走到哪兒，都有人爭相圍睹白馬王子的風采。押沙龍經常掃街，成為眾所矚目的焦點。

為了拉攏民心，押沙龍公關功夫一流。他經常一大清早，站在城門的道路旁邊，凡是有人要爭訟、急著去找大衛王的人，押沙龍一個箭步向前，把人攔下，譬如說有個人叫哈列。

押沙龍就會親切地問哈列：「你叫什麼名字，那一城的人？」

哈列回答：「僕人是以色列某某支派的人。」

「你有什麼事要找父王處理？」

哈列就會一五一十報告押沙龍。然後不問青紅皂白，押沙龍一定拍著哈列的肩膀：「你的事有情有理，我為你抱不平，可惜王沒有派人來聽你的申訴。」

接著，押沙龍長長嘆一口氣：「真恨不得我作國中的士師，凡是有任何爭訟求審判的，到我這裡來，我一定秉公處理。」

可想而知，哈列是多麼感動，急著要下拜，押沙龍一把抓起了他，與哈列連連親嘴。等到哈列回到城裡，必然到處炫耀，也大大高抬押沙龍。

「我真的親眼看到押沙龍王子了，他比我想像中還要高大英挺，他的頭髮之多，難以想像。」

「他一點架子都沒有，對人好親切，我彷彿成為王室，他還拉著我親嘴，你能想像嗎？」

「最重要的是，我這一件案子，你們有些人還說我不對，押沙龍是個聰明人，他一聽，馬上就說，我是有情有理。有他瞭解我，心裡舒坦多了。」

「我敢說，將來若是押沙龍當上國王，一定是最體恤人民的王。」

一個哈列這麼說不稀奇，兩個哈列、三個哈列，哈列們遍地開花，個個都在頌揚押沙龍，硬生生把大衛給比下去了。如此深耕四年，押沙龍認為時機成熟了。

他跑去對大衛王說：「僕人住在基述之時，曾經向耶和華許願，若是再回耶路撒冷，我必事奉他，現在求王恩准我往希伯崙去還願。」

押沙龍若要還願，四年前早該去了，但是大衛沒有絲毫的懷疑，並且祝福他：「你平平安安地去吧。」

押沙龍還邀請了二百人與他同去，這些人都單純地以為去朝聖，並且享用平安祭後的宴席，覺得很有面子，萬萬想不到是糊里糊塗加入叛亂。

押沙龍在各支派中都暗中布置了人馬，並且以角聲為暗號：「你們聽到角聲，就說押沙龍在希伯崙做王了。」

他真的就在希伯崙自立為王。

一直被矇在鼓裡的大衛王，終於聽到消息，也知道以色列的人心都歸向押沙龍。大衛免押沙龍一死，押沙龍既殺死長兄暗嫩，也不會放過親生父親大衛，大衛只好和唐玄宗一樣，倉皇逃難去也。

38. 背叛

大衛的兒子押沙龍起兵造反，這種突然而來的事，把大衛的心中戳破一個大洞。馬上又傳來一則壞消息，大衛的智囊亞希多弗也跟了去。果然，耶路撒冷城中，找不到亞希多弗的蹤影，大衛幾乎要癱瘓。

然而，看著小兒子所羅門（這是大衛與拔示巴第一個孩子夭折之後，上帝賜的兒子，耶和華也喜愛他，就藉著先知拿單，賜給所羅門一個新名字——耶底底亞，因為耶和華愛他。），大衛知道自己必須振作，而且要趕快。

他對臣僕們說：「我們要逃了，不然，躲不了押沙龍，他會殺過來，殺害我們以及城裡的人。」這是一種可想的知子莫若父，大衛內心深處，知道押沙龍的殘忍。

臣僕們一致同意：「僕人們都願遵行。」

於是大衛王帶著全家都出去了，只留下十個妃嬪看守宮殿，一路逃到伯墨哈，暫時停留。

亞希多弗會叛變？大衛不敢相信，他們君臣之間，關係是如此融洽，怎麼會說變就變？他痛苦的時候就寫詩，向上帝求援，也抒發自己的傷痛，這就是著名的詩篇五十五篇。

「神啊，求你留心聽我的禱告，不要隱藏不聽我的懇求！

都因仇敵的聲音，惡人的欺壓，因為他們將罪孽加在我身上，發怒氣逼迫我。

我心在我裡面甚是疼痛，死的驚惶臨到我身。

我說，但願我有翅膀，像鴿子，我就飛去，得享安息。

邪惡在其中，欺壓和詭詐不離街市。

原來，不是仇敵辱罵我，若是仇敵，還可忍耐，也不是恨我的人，向我狂大，若是恨我的人，就必躲避他。

不料是你，你原與我平等，是我的同伴，是我知己的朋友。

我們常常彼此談論，以為甘甜，我們與群眾在神的殿中同行。

他背了約，伸手攻擊與他和好的人。

他的口如奶油光滑，他的心卻懷著爭戰，他的話比油柔和，其實是拔出來的刀。」

大衛的詩，到最後必然是。

「至於我，我要求告神，耶和華必拯救我。

神啊，你必使惡人下入滅亡的坑，流人血，行詭詐的人必活不到半世，但我要倚靠你。」

人的一生，背叛難免，無論來自親朋好友、愛情、友情、親情，都有情何以堪、人生彷彿走不下去的困窘，但又不知該如何是好，只有轉向神。藉著讀大衛的詩，似乎在為自己表達了自己表達不出的冤屈。這是從古到今，人們歡喜讀詩篇的原因。

大衛的詩，要與大衛的人生合併欣賞，可知他不是文人無病呻吟，而是真真實實陷入苦難之中，人需要神的安慰，人也需要人的愛。

這時，從迦特來的六百名侍衛，聚攏在大衛身邊，他們是非利士人，算是外籍兵團，卻很忠心於大衛。

大衛憐憫地對以太說：「你們可以回去啦，回你本地去吧，或者留在宮中，與新的君王同住，你來我這兒的時間不多，我怎好要你與我們一同漂流，沒有一定的住處。」說到這兒，大衛一陣哽咽：「走吧，願耶和華用慈愛誠實待你。」

以太卻堅持要跟定大衛，他說：「我指著永生的耶和華起誓，又敢在耶和華面前起誓，生也好，死也罷，王在哪裡，僕人也在哪裡。」

這番話，讓大衛悲涼的心，產生一股暖意，於是說：「好吧，你們也過汲淪溪吧。」

當地的人民，也知道這件事了，一個個放聲大哭，他們捨不得大衛離開。

一聽到大家哭，大衛自己也哭，哭著過了汲崙溪。

這時，祭司撒督趕了來，甚至找了利未人把約櫃也給抬了來，要幫大衛助陣。

大衛對撒督說：「把約櫃給抬回去，我若是在耶和華眼前蒙恩，祂一定會使我重回耶路撒冷，再見到約櫃。如果神說，祂不喜悅我，好吧，我就在這裡，任憑神怎麼對待我。」

撒督呆呆地望著大衛，不曉得該怎麼辦，他愛大衛，想跟著大衛，他也知道不能利用約櫃，挾持約櫃。當年，非利士人挾約櫃自重，結果男女老少都得了痔瘡，那麼，也許，把約櫃抬回城去，他自己再來跟隨大衛。

大衛看出他的心思，也對他的忠心感到欣慰，於是對撒督說：「你不是先見嗎？你的兒子亞希瑪斯，亞比亞他的兒子約拿單都可以與你一同去，你們可以做為為我通風報信的人，我在曠野渡口那邊等你們報信給我。」

於是，撒督很不忍心地辭別了大衛，把神的約櫃又抬回城裡。

一切都安頓好了，大衛的心開始抽痛，他的頭開始昏轉，他蒙著頭，光著腳丫子，狂奔弄橄欖山，一面上，一面哭。這時，又有人來告訴大衛：「亞希多弗也在叛黨之中。」是的，他早就知道，親愛的兒子、最相信的朋友聯手要害他，他只有禱告上帝：「耶和華啊，求你使亞希多弗的計謀變為愚拙。」

39. 詐降

當大衛王發現亞希多弗，他的好友兼智囊加入押沙龍叛軍，他第一個念頭是傷心難過，接著是緊張不安；因為亞希多弗足智多謀，大衛哭求耶和華神幫助，他得找一個人去敵營詐降。

說到詐降，人們馬上想到三國時代的黃蓋，黃蓋是確有其人，他也真的詐降，但是那一段最精采的苦肉計，卻是羅貫中在《三國演義》之中添加的。

周瑜與黃蓋唱雙簧，周瑜命大將各領取三個月的糧草，黃蓋打斷周瑜的話：「不要說三個月，就是三十個月，也無濟於事。如果這個月內能打敗曹操，那再好不過了，如果一個月內不能擊潰他，倒不如束手就擒。」

周瑜聽到這種長他人志氣、動搖軍心的投降論調，勃然大怒，喝令左右將黃蓋推出帳外，斬首示眾。黃蓋也不甘示弱，倚老賣老，沒把周瑜放在眼裡，使周瑜怒不可遏，立命從速斬決。

大將甘寧出來為黃蓋請情，被一陣亂棒打出大帳，眾文武一齊跪下，苦苦為黃蓋討饒。看在眾人的面子，周瑜這才鬆了口，將立即斬決改為重打一百脊杖。眾文武覺得杖罰過重，仍苦求周瑜抬手。周瑜此次寸步不讓，掀翻案桌，斥退眾官，喝令速速行杖，行刑的士兵把黃蓋掀翻在地，剝光衣服，狠狠地打了五十脊杖，皮開肉綻，鮮血迸流，一連昏死過幾次。苟非如此，焉能讓老謀深算的曹操相信，此所謂「一個願打，一個願挨」。

當大衛正在尋覓他的黃蓋，說曹操，曹操到。戶篩撕裂衣服，頭蒙灰塵，如喪考妣一般趕了來，大衛一陣心喜，虧他道：「你若與我同去，必定成為我的累贅。」

戶篩一愣，傻住了。

大衛接著說：「你趕快回城裡去，對押沙龍說，王啊，我願做你的僕人，你就可以為我破壞亞希多弗的計謀。」

「這樣，押沙龍會相信我嗎？」戶篩很懷疑，他又沒有被打得遍體鱗傷。

「會的。」大衛回答，知子莫若父，曹操多疑，押沙龍是從小被捧的王子，容易相信人。

於是，戶篩先一步回到耶路撒冷，然後剛好押沙龍從希伯崙率領跟隨他的人進城，他不知道戶篩曾經與大衛見面。

戶篩大聲嚷嚷：「願王萬歲，願王萬歲。」喊個不停。

押沙龍當然清楚戶篩是大衛的老友，因此奇怪地問他：「喂，這是你恩待朋友的方式嗎？你為何不與朋友同去呢？」

「不然，不然，」戶篩鄭重其事地說：「耶和華以及眾民所揀選的是誰？我必歸順他，我過去怎麼服事你父親，現在也必照樣服事你。」

這番話，說得押沙龍飄飄然，心花朵朵開。

押沙龍搓搓手，心滿意足對亞希多弗說：「來，你們出個主意，看看我們下一步怎麼進行才好。」

亞希多弗竟然對他獻計：「你父親不是留下十個妃嬪看守宮殿嗎？你可以公開與她們親親熱熱，這樣，以色列人知道你父親憎恨你，但是，支持你的人就更支持到底。」

亞希多弗的餿主意，等於要父子斷絕關係，表示接收了前朝所有一切，包括妻妾。

這個主意讓押沙龍十分興奮，他命人在宮殿的平頂之上，支搭帳棚，他就在眾目睽睽之下，與十個妃嬪同床，表演最低級的色情影片。

亞希多弗很高興，因為押沙龍凡事請教他，好像他是一個神一般威風。

亞希多弗又有新的主意，他對押沙龍說：「求你准我挑一萬兩千人，我親自追殺大衛，趁著他疲乏，殺他個措手不及。我單單殺他一個人，眾民就會歸順你，一切平安無事了。」

這個主意，押沙龍及以色列的長老都讚好。

押沙龍說：「等一下，我們也來聽一聽戶篩的意見。」

戶篩猛搖頭：「這個主意不好，當然，亞希多弗過去很多想法不錯，你知道，你父親與跟他的人都是勇士，曾經在曠野十多年，擅長打游擊戰，他們現在的心情。如同母熊失掉小熊一般著急，他現在一定不會和群眾在一起，必然藏在什麼坑裡面，以色列人誰不知道你父親是個英雄，跟隨他的個個都是勇士，你如果出師不利，雖然有人兇猛如同獅子，也會嚇破膽。」

押沙龍一聽，也覺得有理，戶篩不是講假話，他眉毛一挑：「那麼依你之見呢？」

「依我之見，你親自帶兵，集合全以色列的部隊，從最北邊的但到最南邊的別是巴，全國傾巢而出。那麼大衛插翅難逃。想在石縫中找藏身之地也找不著。」

好大喜功的押沙龍認為這個主意更好，這是因為耶和華暗中破壞亞希多弗的計謀。

戶篩擔心押沙龍採取第一方案，連夜找了約拿單與亞希瑪斯去通風報信，要大衛趕緊帶著所有隨從、家眷過約旦河避難。

偏偏被一個少年人看見了他倆，報告押沙龍，他二人急忙跑到巴戶琳某人的家中，他的妻子十分機智，把這兩人藏在井中，蓋上蓋子，上面又撒了許多麥子。等到押沙龍的人馬前來詢問，她就回答：「這兩人，來過，走了，過了河了。」

至於亞希多弗見押沙龍不聽他的話，竟然留下遺言，上吊死了。

40. 矛盾

「你這個流人血的壞人滾吧！」說著，一塊石頭扔過來，大衛頭一偏，躲過了攻擊。

原來這是掃羅族基拉的兒子，名叫示每，他看到大衛逃難落井下石，一面走，一面咒罵，想用石頭扔大衛，又揚起塵土撒向大衛。

示每口中罵個不休：「你流掃羅全家的血，接續他做王，耶和華把這罪歸在你身上，將國交給你兒子押沙龍，你自取其禍，你活該！」

大衛身邊的亞比篩受不了了，他轉身對大衛王說：「這個死狗，豈可咒罵我主我王，待我過去，割下他的頭來。」

大衛卻隱忍下來，自嘲地說：「他要咒罵，是因為耶和華吩咐他說，你要咒罵大衛。」接著長嘆一口氣道：「我親生的兒子尚且要取我的性命，何況這個便雅憫人呢？由他咒罵吧。或許，耶和華見到我被這人咒罵，反而施恩於我。」

大衛對押沙龍的叛變，的確是傷心透頂的，他曾經為此寫過一首詩：

「耶和華啊，我的敵人，何其加增，有許多人起來攻擊我。

有許多人議論我說，他得不著神的幫助。

但祢耶和華是我四圍的盾牌，是我的榮耀，又是叫我抬起頭來的。

我用我的聲音求告耶和華，祂就從他的聖山上應允我，我躺下睡覺，我醒著，耶和華都保佑我。

雖有成萬的百姓來周圍攻擊我，我也不怕。

耶和華求祢起來，我的神啊，求祢救我，因為祢打了我一切仇敵的腮骨，敲碎了惡人的牙齒。

救恩屬於耶和華，願祢賜福給祢的百姓。」

神允許人們在禱告中宣洩情緒，大衛的詩，感人之處就在這兒。然而，說是這麼說，儘管兒子要父親的命，父親仍然一心保護兒子。

大衛數點了跟隨他的人，立了千夫長、百夫長，分為三隊，他說：「我一定與你們一同作戰。」

軍兵個個反對：「你不可出戰，你太重要，一人強似我們萬人，你還是待在城裡幫助我們。」

「好吧，你們怎麼說，我就怎麼行。」但是呢，他特別交代三個首領：「你們要為我的緣故，寬待那個少年人押沙龍。」這番話大家都聽見了。

接著，兩軍開戰，到底大衛厲害，押沙龍率領的以色列兵，一下就死了二萬人，多半戰死在樹林中，他們在叢林之中亂竄亂逃。

由於馬匹不適合走在叢林中，押沙龍騎了一匹騾子，從大橡樹密枝下經過。糟了，他一頭漂亮的、披散的、濃厚的長髮被樹枝繞住了，全部打結在一堆，彷彿凌亂的毛線，他就懸掛在半空之中。更慘的是，騾子便走開了，萬一是馬，還有個踩腳的鐙子。

這時，有人發現這個奇景，馬上報告大將約押。

「你既然看見他，他又被吊在半空之中，你怎麼不把他打死呢？打死了，我賞你十舍客勒銀子（將近一年薪水），以及一條帶子（象徵位階）。」

「噢，你就是賞我一千舍客勒銀子，我也不敢害王的兒子，這是大衛王親口說過的。」

約押一言不發，拿著三根短槍，趁押沙龍在樹下擺來擺去的時候，刺透他的心臟。為約押拿兵器的十個少年人也個個上前，補上一刀，表示與約押同一陣線。

接著，約押吹角，停止進攻以色列人，把押沙龍丟在樹林中一個大坑之中。

撒督之子亞希瑪斯急著報訊給大衛，「耶和華給王報仇了。」

約押對他說：「你今日不可去，改日再去。」

約押找了一個古示奴隸，要他去報告，免得大衛遷怒亞希瑪斯。約押對亞希瑪斯說：「我兒啊，你報這訊息，得不到賞賜，何必呢？」

「無論如何，我一定要去。」亞希瑪斯就跑了，像賽跑選手一般越過了古示人，大衛正坐在城上，緊張地等消息。

守門的說：「有一人獨自跑來。」

大衛站了起來說：「一定是報口信的。」

守門的說：「又來了一個。」

大衛說：「也是報信的。」

亞希瑪斯先到，臉伏於地，叩拜道：「耶和華是應當稱頌的，將攻擊我主的人交給王了。」大衛緊張的問：「押沙龍平安嗎？」

亞希瑪斯沒有回答，古示人說了：「一切要殺害你的人，都與那少年人一般。」大衛痛哭流涕：「我兒押沙龍啊，我恨不得替你死。」

原本是得勝的歡樂，現在變得愁雲慘霧，忠心的約押進去見大衛：「你讓一切僕人都慚愧了，他們今天救了你的命，你妻子你兒女的命，你卻愛那恨你的人，恨那愛你的人。我看啊，如果押沙龍還活著，我們都死亡了，你就樂了。

你現在趕快出去安慰僕人，否則，今夜無一人與你同在一處，你的禍患就比從幼年到現在的還惡劣。」

約押的話，大衛聽進去了。

以色列各個支派的人，見押沙龍已死，紛紛議論，我們為什麼不請大衛王回來。大衛果然重返耶路撒冷，當初罵他的示每也俯伏在地，大衛放他一馬，他的心仍然為喪子哭泣。

41. 驕心

在這一次大衛的逃難過程之中，還發生一件小插曲，那就是洗巴的勞軍。

大衛最要好的朋友約拿單過世之後，大衛很想念他，也到處打聽約拿單還有沒有後人。結果發現他有一個兒子米非波設，很可憐，五歲大的時候，奶媽抱著他，不慎掉地摔斷了兩腿，成為瘸子。大衛就命令掃羅僕人洗巴好好照顧他，洗巴有十五個兒子，二十個僕人，家道豐厚。米非波設也成為大衛宴上的常客。

大衛逃離耶路撒冷不久，他看見洗巴慌慌張張地趕來，預備了兩匹驢子，驢子上面馱著二百個麵餅、一百個葡萄餅、一百個夏天的果餅、一皮袋酒。

大衛問洗巴：「你帶這些來，是什麼意思呢？」

洗巴回答：「驢是給王的家眷們騎著用，夏天的果餅是給少年人吃的，酒是給在曠野疲乏的人喝的。」

「那，你主人的兒子在哪裡？」

洗巴的回答出人意料，他說：「他仍在耶路撒冷，因為他說，以色列人今日必將我父的國歸還給我。」

這真是漫天謊言，作亂的是押沙龍，並非米非波設，他沒有這個膽量與野心。以色列人也不會擁立兩腿雙瘸的米非波設為王。

然而，此時的大衛草木皆兵，又看到洗巴誠惶誠恐的老實模樣，他就順口下了命令：「凡屬米非波設的，今天都歸你所有。」

洗巴大喜過望，急忙叩拜謝恩。

等到大衛回到耶路撒冷，米非波設也趕去迎接他。自從大衛離宮，米非波設就沒有修腳，沒有剃鬍鬚，沒有洗衣服，如同守喪一般，這和中國人的守孝差不多。

大衛問他：「你為什麼沒有與我去呢？」言下之意，頗有責備的意思。

米非波設痛苦地回答：「僕人乃是瘸腿的，我想要騎驢與王同去，奈何我的僕人拒絕了我，又在我主我王面前毀謗我。但是，我想我主我王如同天使一般，你看怎麼樣都行。」

大衛想了一想：「這樣吧，你與洗巴均分地土。」

不料，米非波設說：「既然我主我王平平安安回了宮，土地都任憑洗巴拿去了吧。」

頓時，一股暖流瀰漫了大衛全身，他經歷過多少人生苦難，明白人性的不可靠。然而，在約拿單與約拿單兒子的身上，看到了高貴善良的一面。可想而知，米非波設又常與大衛同席吃飯，好幸福的畫面。

押沙龍叛亂之後，約有十年安息的歲月，大衛專心準備建造神殿的材料，這是他的偉大夢想。

有一天，大衛突然之間，心血來潮，他想要數點眾民的人數，一共有多少。他的動機是一種虛榮自滿、驕傲誇耀，他要向鄰國炫耀，阻止侵犯邊境。他更要知道自己有多少能耐，讓以色列增加了多少人口，忘記了一切一切都是來自耶和華的力量。

大衛決定進行大規模的戶口普查。

他吩咐元帥約押說：「你去，走遍以色列所有支派，從但一直到別是巴，數點百姓的數目。」

約押不贊成，因為長年累月的戰爭，人民疲憊不堪，需要休養生息，人口普查牽涉到抽稅，引起民怨。

他勸告大衛：「無論百姓的數目有多少，願耶和華神再增加百倍，我主我王何必喜悅此事？」

但是，大衛非常堅持：「這是我的命令。」

約押沒辦法，只好和眾軍長過了約旦河，在迦得谷中城的右邊亞羅珥安營，與雅謝相對，又到了基列與隊停合示，又到了雅安，繞到西頓來，再往南走，並且到了希未人和迦南人的各城，再到了南方的別是巴，他們走遍全地，過了九個月零二十天，終於回到耶路撒冷。

約押立刻向大衛報告：「以色列有八十萬拿武器的壯丁，猶大有五十萬。」所謂壯丁是指二十歲以上，具備作戰能力的男子。

這個時候，大衛突然自責，禱告耶和華說：「我做這事大大有罪，因為我太愚昧了。」

耶和華就找了先知迦特，要他轉話給大衛，要他三選一：

「你願意國中有七年的饑荒呢？

你願意在你敵人面前逃跑、被追趕三個月呢？

你願意國中有三天的瘟疫呢？」

大衛極其為難，他對迦特說：「我寧願落在耶和華的手裡，他有豐勵的憐憫，我不願意落在人的手中。」

於是，耶和華開始降下嚴重的瘟疫，一下子死了七萬人，執行命令的天使要滅耶路撒冷城時，耶和華說：「夠了。」

大衛心痛萬分，他看到滅民的天使，忍不住哭喊：「耶和華啊，是我不好，我犯了罪，行了惡，但這群羊做了什麼，我寧願你的手攻擊我和我的父家。」

後來，迦得來見大衛，要他在耶布斯人亞勞拿的禾場上，為耶和華築一座壇，大衛用五十舍客勒銀子買了禾場與牛獻祭，瘟疫就止住了。

人是看人的外貌，耶和華是看內心，所以大衛犯了罪，至於為何人民遭殃？古往今來，領袖犯錯，向來是人民承受苦難。

國家圖書館出版品預行編目資料

吳姐姐講聖經故事——⑤大衛王 / 吳涵碧著.--初版.--臺北市：皇冠文化. 2019.05
面 ;公分（皇冠叢書；第4759種）

ISBN 978-957-33-3442-2(平裝)

241 108004996

皇冠叢書第4759種

吳姐姐講聖經故事

⑤大衛王

作　　者—吳涵碧
發 行 人—平雲
出版發行—皇冠文化出版有限公司
台北市敦化北路 120 巷 50 號
電話◎02-27168888
郵撥帳號◎15261516號
皇冠出版社（香港）有限公司
香港上環文咸東街 50 號寶恒商業中心
23 樓 2301-3 室
電話◎ 2529-1778　傳真◎ 2527-0904
總 編 輯—龔橞甄
責任主編—許婷婷
責任編輯—平　靜
美術設計—王瓊瑤

著作完成日期—2019年1月
初版一刷日期—2019年5月
法律顧問—王惠光律師

讀者服務傳真專線◎02-27150507
電腦編號◎ 350105
ISBN◎978-957-33-3442-2
Printed in Taiwan
本書定價◎新台幣250元/港幣83元